Selbstversorger Kochbuch

Kochkurs | Genussrezepte | Reportagen

ELKE VON RADZIEWSKY
FOTOS: REGINA RECHT

blv

Inhalt

KÜRBISBLÜTE, gefüllt mit einem Kräuterquark-Brot-Mix und fürs Grillen bereitgelegt. Seite 147.

Vorwort

Kochen. Die eine Hälfte meiner Familie und Freude wird sagen, »dass kannst du doch nicht«. Die andere: »Du musst es nur tun«. Wahr ist, ich kann einige Gerichte zubereiten. Fliederbeersuppe, was soll daran auch schwer sein. Milchreis. Aufläufe. Pasteten habe ich auch schon gemacht und neuerdings auch grüne Kartoffelklöße und glasierten Spargel. Bei Petersilien-Risotto mit gebratenem Chicorée bin ich auf einem guten Weg.

Was ich wirklich nicht kann, ist Kochbuch-Rezepturen mit meterlangen Zutatenlisten ausführen. Das macht mich nervös, ich habe den Eindruck, ich bräuchte zwölf Arme. Außerdem ist es mir zuwider, all diese Dinge kaufen zu müssen, die verlangt werden. Drei Körnchen hiervon, ein halbes Blatt davon, Pöttchen, Gläser, Stängel, die unweigerlich nach einem Gebrauch im Küchenschrank stehen bleiben oder deren Rest auf den Kompost wandert.

Statt kaufen lieber ernten: Das ist eine Leidenschaft, die in letzter Zeit viele Menschen entdecken. Sie lässt Kräuter auf Hochhausdächern wachsen, Apfelalleen in öffentlichen Parks entstehen und Kürbisbeete auf städtischen Brachen wuchern. Sogar die diesjährige Documenta 13 macht sich das neue und zugleich uralte Bedürfnis des Menschen zum Thema. Der amerikanische Künstler und politische Aktivist Jimmie Durham pflanzte zwei Äpfelbaume in den sogenannten »Kirschgarten«, eine Wiese direkt neben dem Bowling Green der Karlsaue: ein anrührend bescheidener Aufruf zur Fruchtbarkeit in dem weiten Gelände.

Doch diese moderne Begeisterung fürs Pflanzen und Ernten sind nur Teile eines Prozesses. Zum Ganzen wird er durch die Zubereitung der Speise. Gärtnern und Kochen sind zwei Tätigkeiten, die direkt zusammenhängen. Meint man. Mein Versuch, für die Zeitschrift A&W Architektur & Wohnen eine Geschichte über Meisterköche und ihre Gärten auf die Beine zu stellen, erwies sich als äußerst mühsam. Klar, grüne Küche ist modern, mehr, sie ist Trend. Bei manchen der anspruchsvollsten neuen Kochbücher könnte man meinen, sie wollten Gartenbücher sein. Mit eigenem Kräuter- und Gemüseanbau werben große Köche landauf, landab. Aber einen funktionierenden Garten von handlicher Größe, der liefert, was eine Küche braucht, habe ich in Deutschland nur bei Michael Hoffmann vom »Margaux« in Berlin gefunden. Alles andere waren Alibigärten.

In anderen Ländern sieht es nicht anders aus: In Frankreich kochen Alain Passard (Paris) und Armand Arnal (Arles) mit den Produkten ihrer Gärten, im englischen Oxford Raymond Blanc, im holländischen Zwolle ist es Jonnie Boer. Immer nur einzelne. Seltsam. Dabei erscheint die Sache verständlich. Entweder man ist ein genialer Koch. Oder ein fähiger Gärtner. Beides braucht die ganze Aufmerksamkeit.

Und so kommen die Vielfalt der Nutzpflanzen und die Kunst der Köche selten zusammen. Stattdessen versuchen die Artisten unter ihnen, Aromen aus Rinden und Borken hervorzulocken, Schilf essbar zu machen und Fichtentriebe. Weshalb? Weil es leichter ist, vor der Haustür Substanzen einzusammeln als sich in dem riesigen Kulturschatz an Kräutern, Rüben, Knollen, Früchten kundig zu machen und ihren Anbau zu probieren. Sie wissen kaum noch, welche Pflanzen ihnen saisonal zur Verfügung stehen. Der permanente Zugriff auf alles, was die moderne Warenlogistik herbeischafft, verstellt den Blick auf das, was die Jahreszeiten bieten. Frische zarte Bohnen zu Weihnachten, wie langweilig. Warum nicht Rote und Gelbe Bete, weiße Möhre, Schwarzwurzeln, Kohl in den verschiedenen Varianten, Gemüse, die sich lagern lassen, vielleicht sogar im Garten überdauern. Saatgutgärtner wie Ludwig Watschong haben sich dem Erforschen und Verbessern alter Kultursorten verschrieben, mit denen der Wintervorrat regional bestritten werden kann (siehe Seite 156ff.).

Andersherum. Ich liebe Erdbeeren. Zum Roh-Essen, Rumtopf ansetzen, Marmelade machen und Braten. Ich könnte meinen ganzen Garten mit Erdbeeren besetzen, vor allem solche, die das volle Aroma haben. Andrea Hellmich in Werder bei Berlin hat sie. Und Stachelbeeren in Sorten, Maulbeeren, Minzen, Malven – alles was aromatisch ist (siehe Seite 77ff.). Ein Schlaraffenland für Köche. Sie müssten sich nur noch entscheiden, was Sie in Ihrem Garten ausprobieren wollen. Ob 30 Quadratmeter oder drei Hektar ist eigentlich nebensächlich. Beides versorgt den Haushalt.

Tatsächlich ist ein klug ausgewähltes und überschaubares Selbstversorger-Repertoire an Gemüsen und Früchten mehr als ausreichend für eine abwechslungsreiche Folge von Speisen – wenn man kocht wie Dusko Fiedler, das Wort Hausmannskost ernst nimmt und mit neuem Inhalt auflädt. Wer bei ihm in die Schule geht, lernt die elementaren Regeln hoher Kochkunst auf einfache Zutaten anwenden.

Dusko Fiedlers Geheimnis ist das Kombinieren von Gemüsen und ihren Aromen, das beständige Neuerfinden aus einem Basisrepertoire von Nahrungsmitteln. Er besitzt eine Formel, nach der er Aromen zusammenstellt. Süß, sauer, scharf, cremig zu knusprig, schmelzend oder mit Biss. Wer Glück hat, kann ihn beobachten, wie er Verhältnisse auf ein Blatt Papier skizziert, mit Kreisen, Strichen, Pfeilen. Er verrät die Formel nicht, sagt, das sei alles ganz einfach, wichtig nur eins: eine ausgewogene Ernährung mit dem, was Garten und Markt gerade bieten (Seite 19ff.).

Elke von Radziewsky
Hamburg, im Juli 2012

Um Stich zwölf Uhr gab's Mittag

»Ohne eigene Kartoffeln is' nix«, sagt Ilse Borchers. Alle anderen Gemüse kauft die Landwirtin inzwischen im Supermarkt. Kröppelshagen ist ein 1000-Seelen-Dorf im Speckgürtel von Hamburg. Zwischen vielen Einfamilienhäusern stehen noch acht alte Bauernhöfe. Doch nur noch bei einem gibt es einen Küchengarten. Geblieben sind die Erinnerung und einige alte Rezepte. Neue Lust am Kochen aus dem eigenen Garten bringt eine junge Lettin, die in das Dorf heiratete.

GESCHMACKSPROBE. Thymian soll die Rote-Bete-Suppe würzen. Gekocht hat sie Iveta Hamester (links), die das Rezept ebenso wie eines für »Himmelsgrieß« aus Lettland mitgebracht hat. Annegret Burmeister führt ihren 150 Hektar Hof in der vierten Generation.

Ingetraud Schmidt-Bohlens, 63 Jahre, 150-Hektar-Hof

Der Altenteilersitz ist ein modernes Rotklinkerhaus, mit kleiner Einbauküche und geräumigem Wintergarten. Von hier ist das reetgedeckte Bauernhaus nebenan gut zu sehen, in dem Ingetraud Schmidt-Bohlens bis 2002 lebte und arbeitete. »Pflaumenmus haben wir im großen Kessel in der Waschküche gekocht«, sagt die Bäuerin, »es hat keiner Wurst oder Käse zum Frühstück gegessen.« Und: »Für viele Menschen brauchte man viel.« Früher war ihr Küchengarten 400 Quadratmeter groß, da wuchs alles drin, was man täglich braucht. Erbsen, Bohnen, Wurzeln, Porree, Sellerie. Und Kartoffeln. »Nudeln kannte ich nicht als Kind. Reis gab es nur als Milchreis.«

Als Ingetraud Schmidt-Bohlens nach Kröppelshagen kam, bestand das Rundlingsdorf am Sachsenwald noch im Wesentlichen aus acht Höfen rechts an der Landstraße, die von Hamburg nach Mölln und weiter nach Lübeck führt. In der Mitte gab's die Dorfschule, einen Krämerladen und den Dorfteich: Der war die gemeinsame Kuhtränke. Links von der Landstraße befand sich der Dorfkrug und einige zum Sachsenwald hin versprengt Katen. Hier, auf der linken Seite wurden die ersten Neubaugebiete erschlossen. Das alte Dorf blieb bis 1969 intakt. In dem Jahr wurde die Dorfschule abgebrochen. Das hat ihm das Herz herausgerissen. Bald darauf ließ dann der erste Bauer seine Hauskoppel als Bauland ausweisen. Wo Generationen lang Apfelbäume standen und Gänse liefen, wuchsen Bungalows. Und obwohl immer mehr Menschen in Kröppelshagen wohnten, gab 1984 der einzige Kaufmann, Höker Harten, auf.

Oma Hü, 80 Jahre alt, 52-Hektar-Hof

Alle Bäuerinnen im Dorf erinnern sich an ihren Gemüsegarten gleich am Haus. »Wichtig waren Apfelbäume und Kartoffeln«, sagt Oma Hü, die heute bei ihrem Sohn Peter und seiner Frau Iveta wohnt. »Auch Zwiebeln und Schalotten. Damit macht man viele Gerichte schmackhaft. Und der Walnussbaum.« Die Walnüsse kamen ins Brot oder in den Salat. Sie wurden gemahlen und zu Nusskuchen gebacken. »Den haben wir im Krieg ins Feld geschickt.« Das war gestern. Heute haben sich die Gemüsebeete fast im ganzen Dorf in Blumenrabatten verwandelt. Rasen überzieht die Flächen, wo früher Erdbeeren und Bohnen Jahr um Jahr ihre Stellung wechselten. Rosen blühen, wo der Rhabarber stand. Rosenkohl bringt heute der »Eismann«. Einmal in der Woche fährt er mit einem Wagen Tiefkühlkost durchs Dorf. Da gibt es dann alles gleich geputzt und verpackt und in die kleinen Portionen getrennt, die für die geschrumpften Familien ausreichen. »Das spart Arbeit« – so sagt man heute.

Ilse Borchers, Landwirtin, 77 Jahre, 25-Hektar-Hof

Früher sagte man etwas anderes, da hieß es »Gekauft wird nicht«. Hundert Gläser und mehr hat Ilse Borchers eingeweckt. »Vor allem Bohnen.« Dann kam

LEHRBERUF LANDFRAU. Ilse Borchers in ihrer weiß gefliesten großen Küche. Oben an der Wand ein Luftbild von Kröppelshagen aus den 90ern. Ihre Lehre hat sie vor 53 Jahren gemacht. Anderthalb Jahre war sie auf dem Gut Steinhorst-Mühlenbrok »im Haushalt«. »Gelernt«, so sagt sie, »wurde im Vierwochenturnus«. Immer eine Woche Kochen, dann eine Woche Wäschepflege mit Flicken und Nähen, eine Woche Geflügel mit Schlachten und Ausnehmen und eine Woche Kochen.

»DA LERNT MAN ORGANISIEREN.« Ingetraud Schmidt-Bohlens hat ihre Meisterin für ländliche Hauswirtschaft in Glücksburg an der dänischen Grenze gemacht. Heute ist sie die Vorsitzende von 1900 organisierten Landfrauen im Kreis Herzogtum Lauenburg.

GEMEINSAME MAHLZEITEN MACHEN STARK. Bei Tisch – aber auch schon vorher in der Küche beim Zubereiten – trifft sich die Familie. Gekocht wird mit Gemüse aus dem Garten und mit gutem Fleisch. »Wenn das nicht mehr wäre, was soll das alles dann noch«, sagt Annegret Burmeister. Klassiker sind der Wachsbohnensalat und die Rote-Bete-Suppe. Rezepte auf Seite 143 und 152.

VIELE HÄNDE SCHAFFEN VIEL. Über tausend Quadratmeter hatte der Küchengarten der Familie Schmidt-Bohlens, als es auf dem Hof noch Knechte und Mägde gab. Im Hintergrund das Bauernhaus von 1871. Darunter eine Hofanlage, wie sie 1910 gebaut wurde und noch heute besteht. In der Mitte der Hofbaum, in seinem Schutz der ehemalige Schweinestall. Es ist Januar. Landfrauen treffen sich zum Kaffeeklatsch.

die Truhe. Am Anfang tat sie nur die Erbsen rein, »man hatte ja nicht gleich so'n großes Ding«. Erbsen mussten umständlich zweimal eingekocht werden, »erst eine Stunde, dann zwei Tage später noch eine Stunde, sonst gingen die Gläser auf«. Viel einfacher, sie in die Truhe zu stecken. Und sie blieben lecker. Anders als Bohnen, mit denen stimmte immer irgendetwas nicht, wenn sie wieder auftauten. »Man wusste das mit dem Überwellen noch nicht«, wie im Plattdeutschen das Blanchieren heißt. Zu Dicken Bohnen, denen zum Auspalen, hat Ilse Borchers früher immer Apfelmus gekocht, »das hat schon meine Mutter gemacht«. Sie mag den Geschmack, »das Säuerliche zu dem Mehligen«. Ein Rezept hat sie nicht dafür. »Das ist so einfach, da braucht man keins.«

Heute pflanzt Ilse Borchers nur noch die Kartoffeln selbst, drei lange Reihen. »Ohne die neuen, die man selber hat, is nix.« Sie nimmt dafür welche, die sie als Speisekartoffeln kauft. »Wenn die wachsen wollen, dann wachsen die auch.« Sechs Wochen essen sie und ihr Sohn davon. »Ein bisschen Butter dazu und Petersilie, das ist schon was.«

Annegret Burmeister, 53 Jahre, 150-Hektar-Hof

Nur Annegret Burmeister, auf dem Hof gleich gegenüber vom Dorfteich, erhält den Küchengarten dort, wo er 1910 angelegt wurde, als der Hof abbrannte und die Familie ihn von Neuem aufbaute. Bei ihr wachsen Beeren und Gemüse, Kräuter, Rhabarber und viele Zwiebeln, »in allen Sorten, in letzter Zeit auch Lauchzwiebeln, da hat man gleich das Optische, Grüne dabei«. Zwiebeln werden in Mengen verbraucht, fürs Mettwurstbrot, für die Frikadellen, den Tomatensalat und das Zwiebelmett. »Wenn morgens einer Zwiebeln schält, macht er immer gleich ein paar mehr. Abends sind die sicher weg.«

Sie hält das Land mit Mist fruchtbar. Einmal im Jahr kommt der Pflüger und arbeitet ihn unter. Gepflanzt wird nach Fruchtfolge. Es gibt einen alten Taschenkalender, in den wird jedes Frühjahr der Gartengrundriss gezeichnet, mit einem Weg in der Mitte und den aufgeteilten Flächen. Erdbeeren geben das Muster vor. Sie müssen wandern. Bohnen und Kartoffeln, die Starkzehrer folgen. »Kleinkram« wird dazwischen gesetzt, das sind Radieschen, Möhren, Salate. Lange Zeit dominierte im Garten eine klassische Dreifelder-Wirtschaft, in den 80er-Jahren kam die Mischkultur dazu. »Wurzeln und Zwiebeln, Knoblauchzehen dazwischen, auch Spinat, was man so hört«, sagt Annegret Burmeister. Früher wurde alles gleichzeitig eingesät, heute zeitversetzt, »damit man länger frisch ernten kann«. Auch früher wurden jedes Jahr Puffbohnen gepflanzt. Die kommen nicht mehr vor. Außer der Mutter mag sie keiner.

Annegret Burmeisters Tagesrhythmus ist von der Arbeit auf dem Hof bestimmt. Um Stich zwölf gibt's Mittag. Wenn die Männer in der Ernte sind, fährt sie mit ihrem alten 200er-Mercedes zum Feld und bringt »Kartoffeln, Fleisch, Gemüse, Nudelauflauf, was sie wollen«. So war es immer – so ähnlich ist es heute. Denn heute bestimmen die großen Mähmaschinen, die rund um die Uhr laufen müssen, wann Mittag ist. Erst wenn ein Ersatzmann zum Fahren da ist, können die Leute essen. »Das kann zwei oder halb drei Uhr werden und abends auch neun Uhr.« Die Maschinen haben das Leben anders gemacht.

Trotzdem oder gerade deshalb sind Kochen und gemeinsames Essen wesentlich, »da kommt die Familie zusammen und wir bereden alles.« Sie bereitet die Mahlzeiten mit Gemüse aus dem Garten und mit gutem Fleisch. »Wenn das nicht mehr wäre, was soll das alles dann noch.« Viele Rezepte hat sie von ihrer Mutter übernommen, »normale Sachen, Schwarzwurzeln, Bohnen, Stampfkartoffeln«. Wenn Kaffeeklatsch ist, backt sie »flache Kuchen, damit man auch zwei Stück nehmen kann, nicht nur die hohen zusammengestrichenen Sahnetorten«. Die Ernte aus dem Garten friert sie zum größten Teil ein. Das geht schnell. Zeit ist knapp.

Iveta Hamester, 32 Jahre, 1000-Quadratmeter-Garten

Bis vor drei Jahren hatte Iveta Hamester, Oma Hüs Schwiegertochter, auch Gemüse im Garten. Doch das Beet dafür lag unter dem Walnussbaum und da

PATENTER KIRSCHKUCHEN
Damit man auch mal zwei Stücke nehmen kann, backt Annegret Burmeister einen Mürbeteigkuchen mit Fruchtbelag und Streuseln. Das Kirschkompott ist mit Stärke angedickt. Das Erfolgsgeheimnis sind die Streusel: 100 g Butter, 100 g Zucker, 180 g Mehl. Kneten, dann mit Gefühl bröseln. Backzeit: 30 Minuten bei 160 Grad.

DIE GUTE STUBE. In einem Haushalt, wo ständig gearbeitet wird, der Ort, der immer bereit ist, Gäste aufzunehmen.

gedieh bald nichts mehr. Dafür hat sie alle Beerensträucher, die man sich denken kann, dazu Haselnüsse, Äpfel und Quitten, Bärlauch zwischen den Stauden und eine doppelläufige Kräuterspirale aus Steinen. Die hat sie sich selbst gebaut.

»Wir sagen immer, wir haben unsere Heiligtümer im Garten«, erzählt sie. Jeder seine. Blumen gehören dazu, die Küchenschellen etwa und die Schachbrettblumen. »Der Walnussbaum ist auch unser Heiligtum, ohne den können wir gar nicht leben.« Im Herbst macht die Familie »Walnusspflege«. Die aufgesammelten Nüsse kommen in Kartoffelsäcke unter das Terrassendach und werden mehrmals am Tag geschüttelt, sodass sie gut trocknen. »Wenn sie klackern, kommen sie rein.« Die Familie backt Kuchen mit den Nüssen, tut sie an den Salat und fertigt ein Müsli an. Dafür werden die Walnüsse mit Leinsamen, Haferflocken, Honig, Zimt und Öl im Ofen geröstet. Iveta kommt aus Kuldiga, einer lettischen Kleinstadt, wo ihre Familie einen Garten außerhalb hatte mit Kartoffeln, Gurken, Knoblauch und vielen Tomaten. »Unter denen haben wir kleine Fische, Heringe eingegraben.« Sie hat manches Rezept mitgebracht. Himmelsgrieß zum Beispiel, eine »puffig-leichte« Süßspeise, die man aus Himbeeren, Rhabarber oder Stachelbeeren machen kann. Von ihrem Bruder hat sie sich zwei lettische Apfelbäume erbeten. Ihre Namen heißen übersetzt »Zuckerchen« und »Zwiebelchen«. Und eine Quitte mit recht kleinen Früchten. Aus ihren Kernen macht sie Ketten. Für Iveta gibt es im Garten die »Blumenzeit« und die »Früchtezeit«, in der macht sie Saft und Marmelade, weckt Kompott ein und fertigt Sirup. Blumen und Früchte, das eine und das andere, sagt sie, »das gleicht sich aus«.

m!
genuss

Die Gemüseküche von Dusko Fiedler
Ein Kochkurs in 10 Lektionen

»Das ist der richtige Duft. So muss es zwitschern.« Für den Koch Dusko Fiedler sind Nase, Ohren und Augen genauso wichtig wie Löffel und Pfanne und viel wichtiger als eine Unzahl Maschinen. »Eine normale Küche hat einen Herd, einen Topf, ein Brett, Messer und wenig mehr«, sagt er. »Das reicht.« Nicht Geräte machen das Essen lecker, sondern die Kenntnis einiger naturwissenschaftlicher Zusammenhänge.

LEHREN, WIE ES RICHTIG GEHT. Seit dem Anfang seiner Laufbahn veranstaltet Dusko Fiedler Kochkurse. Dazu gehören auch Einkaufstouren auf dem Markt und, wenn es um Gewürze geht, in Asialäden.

»Bohnenfrikadellen?« Steht. »Glasierte Kohlrabi?« Steht. »Ananasragout?« Steht. »Go.« Vor dem roten Kochwagen auf dem Goldbekmarkt in Hamburg versammelt sich eine Traube hungriger Mittagsgäste. Seit gut zwei Jahren kocht Dusko Fiedler hier pro Markttag ein Gericht, nur Gemüse und nur das, was Garten oder Markt liefern.

Dusko Fiedler ist Profi. Er kocht seit über zwanzig Jahren. Gelernt hat er in kleinen Restaurants am Rand von Hamburg, bei Lehrmeistern, die zu ihm sagten, »bis auf die Kartoffelschale kannst du alles verwenden«. Und: »Stiehl mit Augen.«

Danach hat er Station gemacht im »Le Canard« bei dem Sternekoch Josef Viehauser – »da gab's die hochwertigen Produkte, Hummer, Steinbutt, Trüffel« – und von Alexander Tschebull die Einweisung in Grundkenntnisse: »Gemüse schneiden, Gemüse braten, lernen, wie ein Fond schmecken muss, wie eine Soße aussieht.« Er war im »Cox«, das wenige Spazierminuten vom Hamburger Hauptbahnhof entfernt liegt und dessen Küche bekannt war für das Kombinieren von Kräutern und Gewürzen, und hat kurze Zeit mit Michael Hoffmann zusammengearbeitet, einem der besten Köche Deutschlands. »Von ihm habe ich die Liebe zur Perfektion mitgenommen.« 2010 hat er sich selbstständig gemacht.

Das Einfache wählen

Seine Vision: eine neue leichte, schnelle Gemüseküche mit frischen Zutaten, frisch zubereitet, ein endloses Spiel mit Aromen, einfach wie ein japanisches Gedicht. »Sosumi« nennt er seine Strategie.

Dusko Fiedler liebt Beweglichkeit. Nein: Er braucht sie. Mit 16 Jahren fing er an, große Radtouren zu fahren. Später ist er von Kanada nach Mexiko geradelt und durch Neuseeland, jeweils zwei und drei Monate lang. Mit seiner Frau Nicole hat er mit Rucksack und Bus Bolivien durchquert, ist durch Peru gewandert. Die Reisen haben ihn geprägt. »Zwanzig Mal am Tag wurden wir von Hungrigen angebettelt, das vergisst man sein Leben lang nicht.« Er hasst Verschwendung. Auch jeden Tag Fleisch auf dem Speisezettel haben ist für ihn Verschwendung. Stattdessen wendet er die bei den Sterneköchen gelernten Techniken auf vegetarische Gerichte an, auf die Gemüse und Früchte, die Jahreszeit und Ernte bieten. Mal Granatäpfelkerne, mal Ananas oder ein besonderes Gewürz sind der ganze Luxus, den er braucht, um seine Speise aus dem Alltäglichen zu heben. Dabei garantiert ihm der Kochwagen die Mobilität, die er liebt. Er bringt ihn zu den Menschen, für die er arbeitet und die er sehen möchte.

»Hallo, schau mal, wie der Spargel glänzt.« Jedem, der auf dem Markt stehen bleibt, der stutzt und die beiden Gestalten in weiß gestärkten Kochjacken und Mützen in ihrer roten Miniküche zwischen den Ständen mit Moorkartoffeln und mit Biogemüse neugierig begutachtet, ruft er etwas zu. Manchmal auch einfach: »Hast du Hunger?« Ich habe zugegriffen. So etwas hatte ich noch nie geschmeckt, erdbeersüßer

ANRICHTEN hat feste Regeln. Es geht immer von der Mitte aus. Wichtig sind die Farben. Wer mag schon weiß-in-weiße Speisen? Gut, wenn rot, grün und weiß auf einem Teller zusammenkommen. Rechts sind das ein einfache Risotto, Radieschen und gebratene Radieschenblätter.

NUSS ODER KEKS DAZU. Ein Keks schafft Kontraste beim Beißen und Schmecken. »Er spielt süße oder salzige Aromen nach vorn«, je nachdem, wie er beschaffen ist.

karamellisierter Spargel. Am nächsten Markttag habe ich den roten Kochwagen gesucht und mein Essen bestellt. Wie mich hat Dusko etliche Gäste angelockt, so viele, dass für ihn und seine Frau Nicole das Braten, Garen, Anrichten an Markttagen inzwischen Akkordarbeit ist. Immer neu, immer überraschend, immer von plaudernd gegebenen Kochunterrichtungen begleitet. Und so esse ich dort und lerne.

Hausmannskost mit Sternen versehen

Zuallererst etwas über Geschmacksgegensätze. Was macht den in Rhabarber-Soße kandierten Spargel so lecker, was die mit Pfeffer aromatisierten Äpfel, den Kohlrabi mit gebratener Ananas und den Porree mit Äpfeln? Wieso gibt er zu Zucchini Erdnuss und Shortbread, zu Tomatengemüse und Kartoffel-Gnocchi karamellisierte Mandeln, brät Petersilie und Majoran kross, bevor er den Blumenkohl damit anrichtet. Die Antwort: »Die Zugaben sind der Ausgleich für das fehlende Fleisch. Das Spiel von sauer zu süß und buttrig, das Knabbern und Knacken ersetzen das Verlangen nach fester fleischiger Struktur.«

Dusko Fiedler plädiert für Hausmannskost – seltsam altmodisches Wort. Wenige, die es nicht mit Blumenkohl, Kartoffelpüree und einer weißen Soße assoziieren. Alles Ton in Ton und mit leicht säuerlichem Geschmack. Wie froh war man, als man das hinter sich gelassen hatte. Aber Dusko Fiedlers Blumenkohl ist knusprig braun angebraten und hat Biss. Das Kartoffelpüree ist ein Gedicht an Schmelz und würzig süßem Geschmack, dazu melonenfarben, denn ein Teil Süßkartoffel auf zwei Teile Kartoffel haben es koloriert. Es wird begleitet von mürben Quarknocken und gebratenen, leicht pfeffrig schmeckenden Kirschen. All das ist Ergebnis unermüdlicher Lust am Experimentieren, des Ernstes im Umgang mit Lebensmitteln und – als ob das ohne ginge – des Beherrsches wesentlicher Kochtechniken. Klar so weit.

Erste Lektion: Gemüse schneiden

FENCHEL FÜRS PÜREE.
Damit das Gemüse schnell gart und seine Farbe behält, wird es – wie immer mit der Faser – dünn geschnitten.

* Das richtige Messer für harte Konsistenzen wie beim Fenchel hat eine breite Klinge. Weiche Gemüse und Früchte werden mit dünnen Klingen geschnitten. 120 Euro pro Werkzeug, das sollte man schon ausgeben, aber nicht unbedingt mehr.

»Hühnerfutter« nennt Dusko Fiedler etliche der klein geschnittenen Gemüsebeilagen. Sicher, fünf Millimeter schmale Karottenscheiben sind schnell gar. Eine der Länge nach aufgeschnittene halbe Karotte dagegen braucht gut 15 Minuten. »Aber um wie vieles schöner sieht die gut gewachsene Wurzel in ihrer ganzen Länge auf dem Teller aus. Das zeigt Handwerk.« Er hat gern große Stücke, nicht nur weil man da Reales zwischen den Zähnen spürt und weil es besser aussieht, sondern auch, »weil es Erfahrung braucht, kleine Stücke so auf den richtigen Garpunkt zu bringen, dass sie noch Biss haben«.

Allgemein gilt: lieber langsam schneiden. Denn alle Stücken sollen gleich groß sein. Nur so werden sie gleichzeitig gar.

Gut und praktisch ist:
Brokkoli nur vom Stiel befreien, diesen schälen, der Länge nach halbieren und unter dem Brokkoli liegend mit garen.
Blumenkohl in Röschen und diese in Hälften zerteilen.
Fenchel halbieren und dann mit der Faser (das sieht schöner aus, wenn das Gemüse nicht zu Püree verarbeitet wird) in Scheiben schneiden.
Karotten, wenn sie jung sind, nur von den Blättern befreien, der oberste Stielansatz kann bleiben. Große Wurzeln werden halbiert oder geviertelt.

Ringe, Scheiben, Stifte – einige Extraregeln:

Spitzkohl und **Wirsing** werden in 1 bis 2 mm schmale Streifen geschnitten. Damit das leichter geht, den Kohlkopf zuvor in Achtel zerlegen.

Porree schneidet man am besten in Ringe. »Große Stücke so hinzukriegen, dass sie nicht matschig werden, sondern knackig weiß und grün bleiben, ist etwas für geübte Köche« (wie es gemacht wird, steht auf Seite 30).
Die Alternative: **Frühlingslauch**, denn der hat dünnere Zellwände und ist daher zarter. Von dem Lauch nur die oberste trockene Spitze abnehmen, ansonsten lässt man ihn zum Dünsten ganz (siehe Seite 31).

Topinambur schmeckt am besten in Scheiben gebacken – »hauchdünn, sodass man eine Zeitung durch sie lesen kann« (siehe Seite 33). Dafür schneidet man der Knolle nach dem Schälen zuerst einen Fuß, damit sie beim Scheibenschneiden steht. Profis achten darauf, dass die Scheiben dicht an dicht beieinander bleiben, dann können sie ein dünnes langes Messer* unter sie schieben und auf diesem Transportmittel die zerteilte Knolle als Ganzes etwa in eine Jenaer Glasschüssel heben und dort fächerförmig ablegen.

Rote Bete schälen (am besten mit einem Sparschäler), in dünne Scheiben (so dünn, wie es irgend geht) und dann in Streifen schneiden.

Sellerie, Kohlrabi und **Steckrüben** zu kleinsten Stiften verarbeiten, nur so lassen sie sich braten oder dünsten.

Kürbis ohne Schale (nur beim Hokkaido kann sie dranbleiben) würfeln und in Streifen oder Scheiben schneiden. Wie groß oder klein, hängt ganz vom Verwendungszweck ab.

Zweite Lektion: Der Fond

* Kursiv gesetzte Zutaten können je nach Anlass abgeändert werden.

Die Basis, der Boden, der Grund, die Voraussetzung für ein gutes Essen ist der Fond. Außerdem die Garantie, dass nichts verschwendet wird. Reste fallen in der Küche kaum an, wenn man das Ganze im Sinn hat. Tomaten- und Pflaumenhäute, Fenchelstrunk, Kirschkerne, Kernhäuser und Schalen vom Apfel: Bevor sie auf den Kompost kommen, sind sie der Stoff, aus dem Geschmack gewonnen wird. Fonds sind der Trick, weshalb Karotten intensiver nach Karotte, Rotkohl stärker nach Rotkohl schmeckt oder Birnen ihr volles Birnenaroma entfalten. Bei Karotten einige Karotten abzweigen, bei Fenchel die Strünke, bei Birnen die Schalen und Gehäuse nehmen.

Eingesetzt werden Fonds fürs Garen, fürs Ablöschen und Einwecken oder für die Zubereitung von Soßen und Suppen.

Neben vielen Fonds, die jeder speziell aus dem Gemüse für das Gemüse (oder Obst fürs Obst) bereitet werden, gibt es **drei, die – in ihren Varianten – universell zu brauchen sind.** Das sind:

Erstens der **Tomatenfond** für vieles, was fruchtig sein soll.

Zweitens der **Gemüsefond,** der eine wichtige Komponente für die Béchamel und die Basis für allerlei Soßen ist. Er liefert Flüssigkeit und Aroma für den Reis eines Risottos, dient als perfekter Schmoransatz für einen Rinderbraten und ersetzt Wein in den vielen Fällen, wo er in Rezepten zum Ablöschen empfohlen wird.

Drittens der **Gewürzfond,** der hilft, wenn gerade kein frisches Gemüse für einen Fond da ist.

Tomatenfond

Zutaten

Tomatenhaut und Innenleben von 1 kg Fleischtomaten (Resteverwertung vom Blanchieren zum Beispiel beim Zubereiten von Tomatengemüse)
*2 Lorbeerblätter**
2 l Wasser
1 Prise Salz

Zubereitung

In einem Vier-Liter-Topf die Tomatenhaut und das Tomateninnere sammeln, mit Wasser und Zutaten aufsetzen und 15 Minuten köcheln lassen. Danach am besten eine Nacht ziehen lassen, am nächsten Tag noch einmal aufkochen, wieder 15 Minuten köcheln lassen, passieren, nochmals erhitzen und abfüllen.

Verwendung

Tomatenfond ist nicht nur wichtig für eine gute Tomatensoße. Durch seinen fruchtigen Geschmack ist er wie geschaffen für das Spiel mit Aromen, er lässt sich mit anderen Fonds kombinieren, zum Beispiel dem von Himbeeren, Rhabarber und Spargel – genauso gut wie mit Gemüsefond.

Sauber in ½-l-Gläser oder Gefrierbeutel abgefüllt, hält sich Tomatenfond im Kühlschrank 7 Tage.

TOMATENFOND ist eine ideale Resteverwertung. Haut und Schale vom Blanchieren eine ¾ Stunde lang köcheln, über Nacht ruhen lassen und am Morgen erneut aufkochen. DER FOND SOLLTE KLAR SEIN. Dann sieht er gut aus und lässt sich in allen denkbaren Zusammenhängen einsetzen. GEWÜRZFOND aus Knoblauch, Koriandersamen, Zitronen- und Orangenzesten. Er bietet Ersatz, wenn kein Gemüsefond hergestellt werden kann.

* Kursiv gesetzte Zutaten können je nach Anlass abgeändert werden.

Gemüsefond

Zutaten
500 g geschälte Zwiebel
*150 g geschälte Karotten**
50 g geschälte Sellerie
70 g Butter
3 l Wasser
3 Nelken
1 EL Pfefferkörner
½ Zweig Thymian
3 Lorbeerblätter
1 TL Salz

Zubereitung
1 Zwiebeln circa 8 Minuten lang bei mittlerer Hitze (Stufe 5) in Butter glasig anschwitzen. Viele Zwiebeln machen den Fond süßlich.
2 Karotten und Sellerie hinzufügen, anschwitzen, bis es im Topf anfängt, buchstäblich zu »zwitschern«, Wasser hinzugeben, bis das Gemüse bedeckt ist, und mit Nelken, Pfefferkörnern, getrocknetem Thymian und Lorbeer vermischen. Das Ganze einmal richtig aufwallen lassen, dann die Temperatur reduzieren und den Fond 15 Minuten köcheln lassen. Abschließend durch ein Haarsieb passieren.

Theorie
Entscheidend ist das Anschwitzen der Zwiebeln: Es kommt darauf an, dass sie richtig weich werden. Das kann nicht gelingen, wenn man die Zwiebeln in den Topf tut, einen Augenblick wartet und schon Wasser zugibt. Um weich zu werden, brauchen Zwiebeln bestimmt vier bis fünf Minuten. Insofern gleicht das Anschwitzen einem Schmoren.

* Gemüsefonds nie länger als 7 Tage aufbewahren.

Verwendung*
Das Rezept oben ist fürs Zubereiten einer Kartoffelsuppe gedacht. Wollte man den Fond zum Angießen von Brokkoli oder Paprika nehmen, reichen die Basiszutaten. Ebenso für eine Vinaigrette.

Gewürzfond

Zutaten
1,5 l Wasser
*2 Knoblauchzehen**
2 EL Zucker
1 Messerspitze (Mokkalöffel) Orangenzesten
1 Messerspitze (Mokkalöffel) Zitronezesten
1 EL Fenchelsamen
1 EL Pfefferkörner
1 Lorbeerblatt
2 Mokkalöffel Essigsäure (25 %)

Zubereitung
1 Fenchelsamen und Pfefferkörner rösten.
2 Dann in einer kleinen Pfanne die in Scheiben geschnittene Knoblauchzehen, den Zucker, die Orangen- und Zitronenzesten, Fenchel, Pfeffer und Lorbeer in Wasser zu einem Sud aufkochen und langsam, das heißt 1 Stunde lang, bei mittlerer Hitze simmern lassen und reduzieren. Mit Essig würzen.

Die auf diese Weise eingekochte Menge ergibt 1 knappe Tasse Flüssigkeit, das sind etwa 200 ml.

Verwendung
Der mit Knoblauch parfümierte Fond würzt den Gemüsesud für das Risotto.
Er ist neben dem Tomatenfond die zweite Komponente, um eine Tomatensoße zu bereiten. Dazu beides durch ein Haarsieb passieren. Die Flüssigkeit soll klar aussehen. Anschließend bei laufendem Mixer Öl dazutröpfeln, bis die Soße bindet. Fertig.
In der einen oder anderen Form variiert, werden mit Gewürzfond Pürees abgeschmeckt.
Auf seine Basisbestandteile reduziert, nutzt man ihn zum Beispiel zum Garen von Blumenkohl.

In einem Einweck- oder Schraubglas hält sich der Gewürzfond gekühlt gut 4 Wochen.

Spezielle Frucht- und Gemüsefonds

Eine uralte Kochtechnik ist das Fondziehen aus Obst- und Gemüseteilen mittels **Osmose**. (Das ist der Konzentrationsausgleich mittels Membranwanderung. Pflanzen regulieren damit ihren Wasserhaushalt.) Diese Art des Fondziehens ist zwar zeitaufwendig, aber neben dem Einkochen (Reduzieren) die Möglichkeit, Aromen in vegetarischen Gerichten auf natürliche Art zu verstärken.

1 Große kompakte Früchte wie Birnen oder Quitten, ebenso Karotten in Stücke schneiden, Beeren so lassen, wie sie sind, in eine Schüssel füllen, mit Zucker bedecken und über Nacht ziehen lassen. Gleiches gelingt mit Schalen, Kernen und Kerngehäusen.
2 Unter Zugabe von einer Prise Salz und Wasser alles aufkochen, 1 Stunde simmern, 3 Stunden ruhen lassen und abschließend kurz aufkochen.
3 Nochmals, am besten über Nacht, ziehen lassen, das macht das Aroma komplex, abseien und kurz aufkochen.

Die hinzugefügte **Menge Wasser** hilft den Geschmack auszubalancieren. Er soll nicht vorwiegend nach Zucker, auch nicht zu wässerig, sondern deutlich nach Johannisbeere, Birne oder Rhabarber schmecken.

Für **Fruchtkompotte** den Fond entweder mit 100 ml Öl oder 2 EL Stärke binden.

Haltbar machen lassen sich Fonds durch Pasteurisieren: Das heißt, sie werden auf 75 Grad 30 Sekunden lang erhitzt. Länger als 1 Woche bewahren sie ihr gutes Aroma nicht.

* Bei Töpfen soll man nicht knausern. Wichtig ist der gute Boden, am besten mit Kupferkern. Er spart effektiv Energie. Profis kochen fast nur mit Stieltöpfen. Bewährte Maße sind der 1-Liter-Topf und die 4-Liter-Kasserolle.

Fonds und was aus ihnen werden kann:

Rhabarber Rhabarberschalen nehmen oder (falls eigener Garten-Rhabarber ungeschält verarbeitet wird) drei Rhabarberstangen in Stücke schneiden, reichlich einzuckern, über Nacht stehen lassen und am nächsten Tag wie beschrieben fortfahren.

Himbeeren 300 g Himbeerkerne (Rückstände vom Saftbereiten zum Herstellen von Gelee) mit 1 l Wasser aufkochen, langsam auf 200 ml reduzieren, passieren, nochmals aufkochen und in Schraubgläser füllen (hält sich 4 Wochen). Gut als Zusatz für den Spargelfond zum Ablöschen von Radieschen, Radicchio und Rotem Chicorée.

Birnen Schalen und Kerngehäuse mit Zucker bedecken, über Nacht stehen lassen und wie beschrieben fortfahren.
Soll es zum Beispiel für ein **Birnenkompott** schneller gehen, die Verarbeitungsreste der Früchte aufkochen, 3 Stunden ziehen lassen, abseien und mit Stärke binden. Karamell aus Zucker herstellen (Topf erhitzen, Zucker dazu, nicht rühren, warten bis er hellbraun wird), mit Apfelsaft oder Birnensaft ablöschen. Wenn der Zucker sich aufgelöst hat, mit Stärke binden, aufkochen lassen, angebratene Birnenstücke dazugeben und noch einmal unter Rühren vorsichtig aufkochen, fertig.

Spargel Schalen von 1 Pfund Spargel kurz mit Wasser bedecken (die Spargelstreifen schauen hier und da noch aus dem Wasser heraus) mit 1 EL Zucker, ½ TL Salz, Zesten von einer halben Orange und einer halben bis ganzen Zitrone aufkochen und 20 Minuten ziehen lassen.
Für eine **Spargelsoße** eine Mehlschwitze herstellen (1 EL Butter im Topf* zerlassen, Mehl darüberstäuben, zum Brei rühren), 500 ml Spargelfond hinzufügen, eine halbe Stunde köcheln lassen, ½ Tasse Sahne auffüllen, mit Zitronenzesten und kräftiger Gewürzmischung (Seite 51) abschmecken.

Dritte Lektion: Das Garen

Topf aus dem Schrank, Wasser rein, Gemüse dazu, Deckel drauf und kochen. So einfach geht es. Und alles schmeckt gleich und sieht wie Asche aus. Man kann mehr aus der Gartenernte machen. Brokkoli soll sein Knattergrün behalten, Blumenkohl nicht den Biss verlieren, Fenchel Süße entfalten und die mehligen Kartoffeln eine marzipangleiche mürbe Konsistenz entwickeln.
Vier Möglichkeiten gibt es, um das Optimum aus Früchten und Gemüsen herauszuholen: braten, dünsten, schmoren und backen.

DER RICHTIGE ZEITPUNKT ZUM WENDEN ist beim Braten von Gemüsen und Früchten gekommen, wenn die meisten Stücke unten, zum Pfannenboden hin, einen feinen braunen Saum entwickeln. Damit die Hitze alle Stücke erreicht, Pfanne auf der Platte hin und her schieben, nicht anheben. 10 bis 20 Sekunden später (großes Foto) sind alle Stücke gewendet. Soll das Gemüse geschmort werden (Seite 32), wird jetzt abgelöscht.

Braten, bis es zwitschert

Zubereitung

1 Eine Pfanne mit hohem Rand trocken erhitzen.
2 Das rohe Gemüse einfüllen, aber in der richtigen Menge. Bei Tomate, Knollensellerie oder Zucchini kann die Pfanne halbvoll sein, bei Spezialfällen wie Johannisbeeren nur den Boden bedecken. Gleich darauf 3 EL Öl dazugeben. Salzen. Die Herdplatte bleibt auf höchste Leistung geschaltet. Braten, bis sich der Saum des Gemüses bräunt. Schwenken, bei Bedarf noch etwas Öl zugeben. Sparsam. 1 weiterer EL reicht.
3 Kurz vor dem Garwerden fängt das Gemüse an, wie ein Vogel zu »zwitschern«. Jetzt, direkt vor dem Anrichten, kommen auch Kräuter und Gewürze hinzu.

Die wichtigsten Werkzeuge für das Braten von Früchten und Gemüsen sind der Bambusschaber und eine Pfanne, die 400 Grad spielend mitmacht, ohne zu verglühen. Man findet sie im Fachgeschäft. Trotzdem drei- bis viermal **Üben ist nötig**.

Gut lassen sich Zucchini, Tomaten, Gurken und Knollensellerie braten, auch Radieschen, aber mit Fond. Nicht braten sollte man rohen Brokkoli, Kohlrabi, Karotten, Rosen-, Weiß- und Rotkohl.

Mit Trick und etwas Übung gelingt es bei Äpfeln, Erdbeeren, Porree und Radieschen. Wichtig ist bei ihnen die Geschwindigkeit. Wie es geht, folgt hier:

* Eine Flasche Mineralwasser sollte immer offen (!) neben dem Herd stehen. Entweder zum regulären Ablöschen oder als schnellste Hilfe. Denn wenn etwas ansetzt, geht es um Sekunden. Erst ein Glas suchen, den Wasserhahn öffnen – all das dauert im Notfall zu lange.

Mit Trick und Übung: Braten für Könner

Äpfel Die mürben, saftigen Früchte werden schnell matschig. Damit das nicht passiert, muss die Pfanne so heiß sein, dass sie fast glüht (400 Grad-Pfanne). Apfelschnitze in die zuvor erhitzte Pfanne geben, Öl hinzufügen (! erst Äpfel, dann Öl), anbraten, 3 Sekunden warten, blitzschnell schwenken (die Hitze darf nicht verloren gehen), weitere 15 Sekunden braten, noch einmal schwenken und braten, bis sie einen braunen Saum haben. Zum Abschluss zuckern und leicht salzen.

→ Dazu gebratenen Porree, ein mit Majoran oder Chili gewürztes Püree aus Steckrüben und Kartoffeln und sowie Spiegelei.

Erdbeeren Ähnlich wie Äpfel, aber noch schneller muss beim Braten von Erdbeeren gearbeitet werden. Sie werden in der sehr heißen Pfanne mit 1 EL Öl (! erst Öl, dann Erdbeeren) 3 Sekunden angebraten, einmal geschwenkt, 15 weitere Sekunden gebraten, dann gesalzen und gezuckert. Sofort anrichten.

→ Dazu gedünsteter Spargel und Kartoffelpüree.

Porree Herdplatte auf die höchste Hitze stellen, zwei Finger breite Lauchringe – und zwar nur das Weiße vom Porree – in eine kalte Bratpfanne wie Säulen eng nebeneinanderstellen, 50 g Butter dazugeben, 1 TL Zucker und 2 Prisen Salz über den Lauch verteilen, die Pfanne mit einem Deckel schließen, auf die Platte schieben und warten, bis man es zischeln, prasseln und zwitschern hört. Jetzt den Herd ausschalten, 6 Minuten warten. Fertig ist das Gemüse. Der Porree soll außen weich sein und innen einen kräftigen Kern haben.

→ Dazu gebratene Zwiebeln, Feigen, Birnenspalten und Kartoffel-Gnocchi. Fürs Knuspern ein Keks aus mürbem Streuselteig. Oder gebratenen und mit Süßholz gewürzten Blumenkohl, gebratenen Chicorée, pochiertes Ei, Petersilien-Risotto und kandierte Mandeln.

Radieschen Die geputzten kugeligen Knollen eines Bundes – das sind 15 bis 20 Kugeln – mit 1 EL Öl in der nicht ganz heißen Pfanne anbraten, bis sie ein paar braune Flecken zeigen, dann mit 100 ml Mineralwasser* oder Himbeerfond angießen (hier geht das Braten in ein Schmoren über) und 5 Minuten lang einkochen, bis der Fond sirupartig ist. Ein-, zweimal ein Radieschen probieren (die Radieschen sollen am Ende des Garprozesses bissfest sein). Sind sie fast gar, 1 TL Zucker, dann den Saft von einer halben Limone hinzugeben, 2 Minuten weitergaren und einkochen, bis die Flüssigkeit sirupartig ist. Abschließend mit 2 EL herbem Olivenöl unter Schwenken aromatisieren. Dabei die Pfanne bei voller Hitze nur auf dem Herd hin und her bewegen. Die gebratenen Radieschen sind in- und auswendig leuchtend rot, ihr Geschmack milde, säuerlich, meerrettichartig.

→ Dazu gelbe Brechbohnen, Chili-Ingwer-Soße und Bohnenfrikadellen oder erst gedünsteter, dann angebratener Blattspinat.

Zucchini Mit dem Sparschäler Schale in langen Streifen abschälen und extra legen, sie werden gebraucht. Die Zucchini in daumendicke Spalten schneiden und anbraten. Erst zum Schluss auch die Schalen braten, die sehen fast aus wie grüne Spaghetti und sind eine attraktive Beigabe auf dem angerichteten Teller. Mit einem Spritzer Essigessenz das Aroma heben, mit Thymian und Salz abschmecken. Nicht früher salzen, denn Salz zieht Wasser.

→ Dazu gebratenen Römersalat: Dafür die fertigen Zucchini auf einen Teller umfüllen, die noch heiße Pfanne auswischen, wieder voll erhitzen, den gezupften Salat einfüllen, anbraten, mit Ingwerpüree würzen, die Zucchini zugeben und schwenken. Ein kom-plettes Gericht wird das mit gebratenem Feta und Basmatireis. Damit es nicht zu trocken wird, Sojasoße nehmen.

Dünsten im eigenen Dampf

Zubereitung

1 In einem weiten Topf Butter zerlassen, Blumenkohl, Kohlrabi oder was immer in der Butter wälzen, eine Prise Zucker und Salz dazugeben und den Topf mit einem Deckel schließen.

2 Herd auf mittlere Hitze herunter drehen und das Ganze etwa 15 Minuten (variiert nach Gemüse) dämpfen. Es bildet sich sofort Kondenswasser, das einigen Gemüsen (Weißkohl, Frühlingslauch) zum Garen ausreicht. Anderen wie Blumenkohl oder Brokkoli ergänzend 4 EL Mineralwasser zugeben.

Praktisch ist ein Topf von 23 cm Durchmesser mit Glasdeckel, sodass man sieht, was geschieht, ohne den Deckel öffnen zu müssen.

MESSERPROBE. Gar ist das Gemüse, wenn das Werkzeug (sehr dünne Klinge) mit leichtem Widerstand hineinfährt und sich dann bei leichtem Schütteln wieder löst. Das gilt fürs Dünsten wie fürs Kochen. In unserem Foto zu sehen sind Kartoffeln, die für ein Püree gegart werden (Seite 35).

Das Ziel heißt: gartenfrische Farbe bewahren

Brokkoli Er bleibt knattergrün, wenn man ihn ganz in einen Topf gibt (auch den geschälten und der Länge nach halbierten Stiel), dessen Boden eben mit Mineralwasser* benetzt ist.

→ Mit Chicorée, Quarknocken oder Getreidetaler.

Frühlingslauch Die geputzten Stangen von einem Bündel (das sind 7 bis 8, wenn sie sehr zart sind, 12) in 70 g zerlassener Butter anschwitzen, gleich Salz und 1 TL Zucker dazugeben, Deckel drauf und 5 Minuten bei mittlerer Hitze dünsten. Deckel abnehmen, die Flüssigkeit 2 Minuten lang reduzieren.

→ Lecker mit feinen Selleriestreifen.

Spinat Wichtig ist ein breiter Topf. Schalotten in Butter bei kleiner Hitze anschwitzen, salzen und zuckern. Topf zur Seite nehmen. Herd auf volle Hitze hochdrehen. Ist die erreicht, Topf auf die Platte zurückstellen, Flüssigkeit einkochen. Den trockengeschleuderten Spinat einfüllen, Deckel in der Sekunde schließen. Die Restfeuchtigkeit vom Schleudern reicht zum Garen. Zählen: 21, 22, 23, öffnen und durchrühren. Schließen, 21,22, fertig. Mit kräftiger Gewürzmischung und Zitronenzesten abschmecken und anrichten.

→ Dazu gebratene Wassermelone.

Kohlrabi Von einem Kopf (200 g) kleine Stifte schneiden, in einem weiten Topf (20 cm) 50 g Butter auslassen, zuckern und salzen. Kohlrabistifte einfüllen und offen 15 Sekunden anschwitzen. Mit dem Deckel schließen und 10 Minuten bei mittlerer Hitze garen. Vor dem Anrichten 1 TL Ysop dazugeben, 2 Sekunden warten, bis sie sich mit dem Kohlrabi verbinden, 21, 22, fertig«.

→ Wenn der Kohlrabi mit Ysop gewürzt ist, Quarknocken dazugeben. Doch natürlich, ohne viele Kräuter und Gewürze, schmeckt das Feine des Kohlrabis am besten. Etwa mit gebratenem Staudensellerie und gebratenen Cranberrys.

Schmoren, um die Röststoffe zu nutzen

Zubereitung

1 Gemüse, besonders Paprika, Karotten und Sellerie, unter großer Hitze (das heißt, die Pfanne ist bereits heiß) mit Sonnenblumenöl anbraten (! erst Gemüse, dann Öl), sodass die Röststoffe entstehen. Man kann sie sehen: Das Gemüse wird am unteren Saum braun.

2 1. Variante: Herd ausschalten (Resthitze* nutzen), die Pfanne mit einem Deckel schließen und auf der Platte immer wieder hin und her bewegen, damit das Gemüse nicht ansetzt. Nach 10 Minuten ist es im eigenen Saft geschmort (gedünstet) gar.
2. Variante: Wenn sich die Stücken gebräunt haben, Gemüsefond oder Mineralwasser dazugeben und bei mittlerer Hitze und offenem Deckel das Gemüse garen, bis es weich ist. Restflüssigkeit für eine Soße oder Glasieren nutzen.

* Energie lässt sich sparen, wenn Handgriffe ineinanderspielen. Mit geschlossenem Deckel bei Resthitze schmoren, wenn die Arbeit als letzte in der Reihe vorgenommen wird. Folgen weitere Garvorgänge, mit offenem Deckel schmoren und die Pfanne beiseitestellen, wenn für das Gericht zum Beispiel noch Quarknocken anzubraten sind.

Schmoren ist das eleganteste Garverfahren, ein Mix aus Anbraten und dünsten im eigenen Saft.

Das Schmortalent unter allen Gemüsen

Paprika Die großen Beeren sind »das Schmorgemüse schlechthin«, denn sie behalten ihre schöne Farbe. 3 mittelgroße Paprika erst mit dem Sparschäler schälen, dann vierteln. Die geputzten Teile mit 2 EL Öl anbraten. Nach circa 10 Minuten fällt der Paprika zusammen und ist weich. 1 Mokkalöffel Orangenzesten, ½ TL Salz und 1 TL Zucker dazugeben. Am Ende der Garzeit mit 1 Mokkalöffel Essigessenz aromatisieren. Hitze macht Paprika süß.
→ Dazu Kräuterpfannkuchen und eine mit Chili gewürzte Tomatensoße.

Backen, wenn man große Mengen braucht

Entweder weil die ganze Familie kommt oder weil sich Vorräte anlegen lassen, wie zum Beispiel beim Topinambur, der sich vorgebacken gut einfrieren lässt und – anders als Kohlrabi – nach dem Auftauen schmeckt. Gleiches gilt für Kartoffeln, aus deren Püree sich Klöße, Gnocchi und Schupfnudeln in Portionen für spätere Gelegenheiten herstellen und tieffrieren lassen.

Blech, Schüssel, Rost: Wählen für die Hitzekur

Kartoffeln Die gewaschenen trockenen Knollen auf einem **Rost** ausbreiten, bei 140 Grad 60 Minuten backen. Anschließend bei geschlossener Klappe im ausgeschalteten Ofen 15 Minuten stehen lassen. Beim Abkühlen bildet sich Kondenswasser, das die Schalen runzelig und weich werden lässt. Das ist erwünscht, denn so lassen sich Kartoffeln leicht pellen.
→ Gebackene Kartoffeln ergeben das richtige Püree für Gnocchi, Klöße und Schupfnudeln.

Kürbis Einen kleinen, circa 1 Kilo wiegenden Hokkaido-Kürbis (200 g reichen für eine Person) in Spalten schneiden, fächerförmig aufs **Backblech** legen, mit 7 EL Sonnenblumenöl und 100 ml weißem Balsamico-Essig begießen. 1 TL Salz und eine Messerspitze Chili verteilen und bei 160 Grad 30 Minuten auf der mittleren Schiene backen. Vor dem Anrichten mit Thymian und kräftiger Gewürzmischung aromatisieren.
→ Dazu gebratenes Paprikapüree, geschmorten Fenchel und Pellkartoffeln oder mit Ingwerpaste versetzten Bratreis. Das nötige Protein für eine komplette Mahlzeit liefert ein pochiertes Ei.

Topinambur Die in hauchdünne Scheiben geschnittene Knolle (siehe Seite 22) in eine kleine Backform oder **Jenaer Glasschüssel** legen (wird auf Vorrat gearbeitet, das Backblech nehmen), Gemüsefond (bei 5 Knollen etwa 60, 70 ml) auffüllen, sodass ein Viertel des Topinamburs bedeckt ist, und bei 200 Grad 15 Minuten backen.
→ Dazu gebratene Zucchini und Quarknocken (oder gebratenen Feta), ein paar in der Pfanne angeröstete Erdnüssen und, wenn sie zu haben sind, gebratene Granatapfelkerne (ein herrlich fruchtiges Aroma, darauf achten, dass man süße Früchte erwischt, also am besten probieren). Als Knusperbeilage ein Shortbread.

Weißkohl Einen 1,5 kg schweren Kohl in 16 gleichgroße Stücke teilen und am Abend zuvor in einer **Jenaer Schüssel** in Salz und Essig einlegen. 1 TL Salz und 1 TL Essigessenz (25-prozentige) darüber verteilen. Am nächsten Tag 4 EL Sonnenblumenöl dazugeben, Deckel schließen und bei 120 Grad 1 Stunde lang im Backofen garen. Über Nacht kommt zwar kaum Flüssigkeit hinzu, aber mit der Flüssigkeit, die beim Backen kondensiert, reicht es fürs Garen. Vor dem Anrichten mit 1 TL einer auf Weißkohl abgestimmten Gewürzmischung aromatisieren (3 TL Kümmel, 2 TL Pfeffer und 2 Körner Wacholder, geröstet und gemahlen). Gegarter Weißkohl lässt sich gut einfrieren.
→ Dazu Pellkartoffeln, Tomatengemüse und ein Schnittlauchquark.

Fenchel 4 Knollen mit Strunk sechsteln und so in eine große **Jenaer Schüssel** stellen, dass der Strunk im Sud steht. Diesen Sud bereiten aus 1 Tasse Wasser, ½ Tasse weißen Balsamico-Essig, 2 Lorbeerblättern und 1 TL Salz. Vor dem Backen etwas Sonnenblumenöl über den Fenchel geben und bei 160 Grad 40 Minuten backen. Vor dem Anrichten mit der feinen Gewürzmischung aromatisieren.
→ Dazu Quarkstrudel, Petersilien-Béchamel und Pellkartoffeln.

RUNZELN SIND ERWÜNSCHT. Sie bilden sich beim Abkühlen gebackener Kartoffeln und machen, dass sich die Knollen fix und leicht pellen lassen.

Vierte Lektion: Das Püree

Ein gutes Püree ist fein, glatt und samtweich, manchmal dabei mürbe (Kartoffeln) oder leicht und spritzig wie Sorbet (Apfel) oder geschmeidig (Sellerie). Es enthält keine Stückchen oder Fasern. Das unterscheidet es vom Brei. Man kann es verfeinern mit Gewürzmischungen oder verschiedenen Traubenkern- und Nussölen, dann ist es selbst Gericht. Oder es bleibt pur, dann ist es der Stoff, der Soßen und Suppen ihren Geschmack gibt.

Zubereitung

1 Gemüse und Früchte für Pürees in haselnussgroße Stücke schneiden und im eigenen Dampf garen (das heißt dünsten: Butter im Topf auslassen, etwas Salz oder Zucker dazu, bei kleiner Hitze anschwitzen und Deckel drauf, vergleiche Lektion 3). Das dauert circa 10 Minuten bei niedriger Hitze und geht am besten in einem Topf mit Glasdeckel. Man arbeitet auf Sicht und der Deckel muss nicht immer wieder geöffnet werden. Die Messerprobe zeigt, wann das Gemüse gar ist: Es löst sich beim Hereinstechen sogleich wieder von der Messerspitze.

2 Anschließend mit dem Mixer, nicht mit dem Zauberstab (der macht es nicht fein genug) pürieren. Pürees sollen so kompakt sein (das heißt wenig Flüssigkeit enthalten), dass sich von ihm Teile abstechen lassen. Köche nennen das »sie haben einen eigenen Stand auf dem Teller«.

Pürees halten sich eingefroren gut zwei Wochen, am besten in kleinen Portionen, flach gedrückt in der Tüte, damit sie sich gut lagern lassen. So lohnt sich die Arbeit und man legt sich einen Vorrat von Experimentiermöglichkeiten an.

GLANZ WÄRE VERRÄTERISCH, ein Zeichen dafür, dass Milch und Butter sich nicht richtig mit den Kartoffeln verbunden haben. Ein gelungenes Pürree ist kompakt und hat seinen eigenen Stand auf dem Teller.

* Ein paar Spritzer Essigsäure heben das Aroma von Fenchel, Kartoffeln oder auch Reis. Sie ist nicht teuer und lässt sich mit der Flasche, in der sie gekauft wird, leicht dosieren. Auch gut: Balsamico-Essig oder Limonen- und Zitronensaft.

Pürees sättigen und setzen optische Akzente.

Fenchel Knollen in fingernagelgroße Stücke zerteilen, den Strunk heraustrennen (für einen Fond nutzen), 15 Minuten weich dünsten (pro Knolle 40 g Butter) und mit dem Mixer pürieren. Mit einem Spritzer 25-prozentiger Essigsäure* würzen, das gibt dem sonst leicht plump schmeckenden Gemüse eine frische Note. Zum Anrichten Fenchelgrün in einer trockenen heißen Pfanne braten. Es ist nicht ganz leicht, das so hinzukriegen, dass die Blättchen kross und dabei noch grün sind. Im richtigen Moment hört man ein leicht brummendes Geräusch.
→ Lecker zu Spiegelei, zu gebratenen Radieschen, Quarknocken oder Kartoffeln.

Kürbis Die große Frucht ordentlich abschrubben und waschen, anschließend mit Rinde in 4 mal 4 cm große Stücke schneiden. Diese in der Pfanne anbraten und weiter im Backofen rösten. Man könnte das in der Pfanne tun, doch das feinere Aroma ergibt sich beim trockenen Rösten im 200 Grad heißen Backofen, weil da weniger Öl als in der Pfanne gebraucht wird. 2 EL Öl, über den Kürbis getröpfelt, reichen. Das Rösten geschieht in Etappen: 15 Minuten dauert die erste, bis der Kürbis schön braun ist, dann alle Stücken bewegen. Die zweite Etappe besteht auch aus 15 Minuten und wieder bewegen. Die Röstaromen schmeckt man erst, wenn der Kürbis püriert ist. Für die Probe etwas Fruchtfleisch mit einer Gabel zerquetschen. Ist das Aroma noch zu lasch, ruhig 10 Minuten im Ofen weiterrösten. Mit dem Mixer pürieren und mit Zitronenzesten, Chilipulver, kräftiger Gewürzmischung und Ingwerpüree abschmecken.
→ Dazu Griesklöße, Weintrauben, beides gebraten, gedünstete Mohrrüben.

Paprika Schoten mit dem Sparschäler schälen, klein schneiden, 10 Minuten im eigenen Dampf mit zwei, drei Orangenzesten garen und mit dem Mixer pürieren.
→ Paprikapüree ist ein willkommener Farbtupfer, denn am leckersten sehen Gerichte aus, wenn die Farben Rot, Gelb und Grün zusammenkommen. Das Püree schmeckt süß. Um ihm eine leicht bittere Note zu geben, Pomeranzenzesten oder gebratenen Ysop hinzufügen. Den zieht man am besten im Kräuterbeet, wo er zu einem stattlichen Kleinstrauch heranwächst. Im Gemüseladen oder auf dem Markt ist er kaum zu bekommen.

Sellerie Knolle schälen, in haselnussgroße Stücken schneiden, im eigenen Dampf 10 Minuten garen und mit dem Mixer pürieren. Selleriepüree ist aromastark und schmeckt am besten pur, sparsam gewürzt mit Rosmarin oder Thymian, aber auch mit Majoran oder Petersilie.
→ Passt zu gebratenen Johannisbeeren oder gebratenem Rhabarber.

Zwiebel Frühingszwiebeln klein schneiden und so anschwitzen, dass sie nicht braun, aber glasig werden. Dafür muss man etwas mit der Hitze experimentieren. Zu viel lässt die Zwiebeln braun werden. Ist es zu wenig, schmecken sie muffig. Vorsichtig salzen, 1 Mokkalöffel Essigessenz und das Ganze im eigenen Saft circa 10 Minuten garen. Zwiebelgrün später anbraten und zum Anrichten nehmen. Zwiebelpüree ist schneeweiß und schmeckt süß.
→ Dazu grüne Schneidebohnen oder gebackenen Fenchel.

Fünfte Lektion: Die Soße

Erst die Soße macht das Gericht komplett. Sie ist das Herzstück. Sie gibt Schärfe oder Süße dazu, ergänzt, kontrastiert, verbindet, begleitet. Eine lieblose Soße verdirbt das Essen. Soßen tragen berühmte Namen: Sauce Colbert, Cumberland, Richelieu oder Sauce Chateaubriand. Soßen füllen dicke Kochbücher. Und sie treiben Hausfrauen und Hausmänner zur Verzweiflung, weil das Fleisch keinen Saft abgibt, um sie zuzubereiten. Oder weil der zu fett ist. Soßen gelten als Dickmacher. Auch in der Gemüseküche. Denn oft wird fehlender Fleischsaft durch Butter oder Sahne ersetzt. Doch alles geht einfacher und ist mit Kräutern und Pürees gewürzt unendlich variabel.

SCHAUM lässt die Soße „lebendig" aussehen. Kurz vor dem Anrichten den Topf leicht ankippen (etwa 30 Grad) und mit dem Zauberstab Luft in die Fenchel-Béchamel schlagen.

Leichte Béchamel

Zutaten

40 g Butter
30 g Mehl
1 l Gemüsefond
0,5 l Milch (3,5 %)

Zubereitung

1 Butter im Topf auflösen, ohne dass sie braun wird. Mehl dazugeben, verrühren, nicht bräunen. Wichtig ist die Konsistenz des Breis, der entsteht, wenn zu der Paste aus Butter und Mehl der erste Schuss Flüssigkeit (Gemüsefond und Milch) hinzugegeben wird. Er soll dick und glatt wie Tapetenkleister sein. Wenn er klumpt, Flüssigkeit zugeben und rühren. Das geschieht unter ständigem Kochen, den Topf nicht von der Platte nehmen. Hat der Brei die gewünschte Konsistenz und ist nach einigen Minuten pampig dick, erzeugt die restliche Flüssigkeit die richtige dünnflüssige Soße. Am besten mit dem Schneebesen rühren. Und schnell sein.

2 Wenn ein sämiger Brei entstanden ist, mit Flüssigkeit ablöschen, erst etwas dazugeben, dann den ganzen Rest. Die Soße soll dünnflüssig sein, denn sie muss noch einmal richtig aufkochen (das vertreibt den Mehlgeschmack und verhütet, dass die Soße sauer wird), dann 20 bis 30 Minuten simmern. Eine gute Béchamel hat einen sanft beigefarbenen oder wollweißen Ton.

Eine Béchamel lässt sich 1 Monat lang einfrieren.

Verwendung

Die Béchamel ist eine universelle Soße, sie ersetzt kalorienreiche Sahnesoßen, passt zu Bohnen, zu Blumenkohl, zum Kartoffelkloß. Sie lässt sich mit Gewürz- und Kräutermischungen verändern oder mit Gemüsepürees ableiten, sodass aus ihr jedes Mal etwas Neues entsteht.

Püree-Béchamel-Kombinationen

Fenchel 400 ml Béchamel mit 4 Esslöffel Fenchelpüree ergeben Fenchelsoße. Dazu ein paar Zitronenzesten zum Verfeinern.

Sellerie 400 ml Béchamel mit 4 Esslöffel Selleriepüree verbinden.

Kräuter 400 ml Béchamel mit 50 bis 100 ml Kräuterpaste (siehe Lektion 8, Seite 46) würzen.

Tomatensoße

Zutaten

1 Glas (1l) eingeweckte Tomaten
1 Zwiebel
1 TL Sonnenblumenöl
1 EL Tomatenmark
0,5 TL kräftige Gewürzmischung (siehe Lektion 9)
1 TL Zucker
1 Prise getrockneten Chili
1 EL weißen Balsamico-Essig
2 EL herbes Olivenöl

Zubereitung

Zwiebel mit Sonnenblumenöl anschwitzen, alle Zutaten hinzufügen pürieren, aufkochen und mit dem Olivenöl binden. Fertig.

VORRATSWIRTSCHAFT. Grundlagen für die Tomatensoße lassen sich vorbereiten. Wie es geht, steht auf Seite 177. Eine Variante zum Rezept oben: Den Saft von 4 Orangen auf 1 Esslöffel einkochen, mit eingeweckten Tomaten vermengen, Zesten von 1 Orange, Thymian, 1 Spritzer Essigessenz und Gewürzmischung dazugeben, pürieren, erwärmen, mit Sonnenblumen- (2 Drittel) und kräftigem Olivenöl (1 Drittel) binden.

… und Vinaigrette, die schnellste Soße

Fonds sind die Basis für »die schnellsten Soßen, die es gibt«, so Dusko Fiedler, »wenn man einmal 'raushat, wie simpel es ist«.

Zutaten allgemein
Fonds (mehrere kombiniert)
Essig
Zucker
Öle* (gern zwei gemischt)
Gewürze und Kräuter
Salz

Zubereitung allgemein
1. Variante Konzentrierten Tomatenfond und als zweiten Fond Orangensaft auf 80 Grad erwärmen – das ist so warm, dass man den Finger nicht mehr hineinstecken mag –, mit Himbeeressig abschmecken, Zucker hinzufügen und anschließend bei laufendem Zauberstab tröpfchenweise mit Öl binden, so lange, bis die Emulsion anfängt, leicht dickflüssig zu werden.
Mit der Säure ist es weniger heikel, als man meint. Es kann am Anfang ruhig etwas mehr sein, sodass das Gefühl entsteht: »Utsch, dass ist jetzt ziemlich sauer.« Doch Öl kommt noch dazu und auch mit Zucker nimmt man Säure weg. Wie immer Kräuter, hier Estragon, und die kräftige Gewürzmischung zum Schluss zufügen. Mit Salz abschmecken.
Eine so zubereitete Vinaigrette duftet intensiv. Sie ist perfekt, wenn ein Gericht »schlank« bleiben soll«, das heißt, wenn die Gemüse zart sind wie gebratene Gurke oder gebratener Chicorée.

2. Variante Spargel-, Rhabarber- und als dritten Himbeerfond miteinander kombinieren, erwärmen, mit Apfelessig abschmecken und Traubenkern- (2 Drittel) und Olivenöl (1 Drittel) binden. Mit Kerbel würzen. Das passt zu Rübchen mit Polenta.

* **Welches Öl passt zu welchem Zweck? Gutes Olivenöl ist zum zum Parfümieren da. Auch kombiniert mit Sonnenblumen- und/oder Rapsöl ergibt es einen runden Geschmack Zum Braten eignet sich Olivenöl nicht. Bei 50 Grad verfliegen seine Aromen. Geeignet sind auch hier Sonnenblumen- oder Rapsöl.**

Zitronen-Vinaigrette

Zutaten
Saft von 2 Zitronen
50 ml Mineralwasser (als Fond)
1 EL Zucker
1 Messerspitze Salz
1 TL kräftige Gewürzmischung
150 ml Sonnenblumenöl
50 ml kräftiges Olivenöl

Zubereitung
1 Saft der beiden Zitronen und Wasser in einen Becher füllen. Zucker, Salz, Gewürzmischung und Zesten von einer ½ Zitrone und Gewürzmischung hinzugeben. Es soll jetzt streng schmecken.
2 Sonnenblumenöl im »langsamen Flug« hinzufügen. Geschieht das zu schnell, verbinden sich (emulgieren) die Flüssigkeiten nicht. Ist die Emul- sion hergestellt, mit dem Olivenöl aromatisieren.

Variante
Statt der Gewürzmischung Kräuter nehmen. Zum Beispiel 1 Handvoll Kerbel und 6 EL Schnittlauch, beides klein geschnitten und mit einer Gabel behutsam in die Emulsion gemischt.
→ Passt zu gebratenen Radieschen, Rübchen, zu Spargel, Spitzkohl und Zucchini.

Zitronenvinaigrette kann das ganze Jahr bereitet werden. Sie ist universell, passt zu Risotto, Couscous und fast allen Gemüsesorten.

Sechste Lektion: Die Suppe

Es gibt Kürbissuppe, leuchtend orange. Dazu selbst gebackenes Brot, nach Thymian duftend, mit knuspriger Rinde. Schnell, ein paar Brocken abgebrochen und hineingetunkt. Guckt Dusko? Tut man das? Brot in die Suppe brocken? – Klar. – Tut er auch. Nur wichtig, dass das Brot nicht pappig ist, sondern richtig »knackt«, so wie seins.

Mit Suppen ist es so eine Sache. Vor allem Männer haben das Gefühl, mit ihnen nicht richtig satt zuwerden. Muss schon Handfestes dabei sein. Wie das Brot mit einer ordentlichen Rinde oder Klöße, Nocken –, Dusko Fiedler schwört auf gebratene Grießnocken – frisch angebratenes Gemüse, vielleicht auch Streifen von einem Kräuterpfannkuchen. Auch dabei: Mit etwas Handfestem lässt sich die Suppe leichter essen, das platscht und tropft nicht gleich und den nur noch flüssigen Rest darf man aus der Schüssel trinken.

Die Grundkomponente für vielfältige Suppen liefert eine Kartoffelbasissuppe. Kartoffeln sind der größte Vitamin-C-Lieferant, »wenn sie nicht wie Wäsche, sondern bei gemäßigter Temperatur gekocht werden«. Kombiniert mit den verschiedensten Gemüsepürees entstehen auf der Basis einer sämigen Kartoffelsuppe Kürbis-, Karotten-, Sellerie- und grasgrüne Erbsensuppe.

Kartoffel-Basissuppe

Zutaten

800 g geschälte mehligkochende Kartoffeln
70 g Butter
2 Zehen Knoblauch (kann man auch weglassen)
300 g geschälte Zwiebeln
3 l Gemüsefond (siehe Seite 26)
400 ml Sahne
8 Zweige Thymian, Blättchen abstrubbeln
1 TL Salz
1 EL Gewürzmischung, die kräftige (Seite 51)

Zubereitung

1 Einen großen, 8 bis 10 Liter fassenden Topf nehmen. Kartoffeln schälen und in 4 mal 4 cm große Stücke würfeln.

2 In der Butter Knoblauch und Zwiebeln weich und glasig schwitzen (dauert gute 8 Minuten), dann die Kartoffeln dazugeben und ihrerseits 2 Minuten lang anschwitzen, bis sie einen glasigen Film bekommen.

3 Den Gemüsefond aufgießen und 10 Minuten lang köcheln, die Sahne dazugeben, 1 Minute mitkochen, pürieren und noch einmal richtig aufkochen. Zum Schluss die Gewürze dazugeben.

Die Basissuppe lässt sich auf Vorrat kochen. Zum Beispiel drei Liter in drei einzelne Liter-Portionen eingefroren. Länger als vier Wochen sollte man sie nicht im Tiefkühler lassen und höchstens einmal neu erhitzen. Denn der Geschmack verändert sich. Die Basissuppe liefert die Grundkomponente. Sie lässt sich mit Pürees zu beliebigen Suppen verändern (siehe unten) oder als Kartoffelsuppe mit einer **Gemüseeinlage** essen. Diese kommt am Tag des Verzehrs grundsätzlich frisch zubereitet dazu: Kräftig im Aroma und schnell zubereitet (gewürfelt und gebraten) sind etwa Knollen- und Staudensellerie. Das Verhältnis der Komponenten ist immer gleich: 3 zu 1, drei Teile Basissuppe und ein Teil der frisch zubereiteten Gemüseeinlage.

Kombinationen aus Basissuppe und Püree

Die Pürees für die unterschiedlichen Suppen grundsätzlich sparsam würzen. Wichtig sind die eigenen Aromen der Gemüse. Erst nach dem Zusammenfügen der Komponenten wird abgeschmeckt.

Kürbissuppe

1 l Kartoffelsuppe (für 4 Personen)
200 ml Kürbispüree
1 Messerspitze kräftige Gewürzmischung*
aus dem Grundrezept:
1 TL gemahlenen Ingwer,
½ TL gerösteter, dann gemahlener Kümmel
½ TL Paprika edelsüß.
Wichtig ist ein sparsamer Einsatz der Gewürze, der nussige Geschmack des Kürbisses soll dominieren.
→ Dazu Stauden- oder Knollensellerie, Fenchel oder Paprika, stets gewürfelt und gebraten.
Varianten sind fast ungezählt: Schärfe gewinnt die Kürbissuppe mit Ingwer, eine beliebte Kombination. Doch Ingwer wächst nicht im Garten, und nicht jeder hat ihn im Haus. Ähnliches erreicht man mit gerösteten und gemahlenen Koriandersamen und gebratenem Apfel. Auch lecker ist ein Aromatisieren mit Orangensaft (auf sirupartige Konsistenz reduzieren, was die Aromen bündelt) und Orangenzesten oder mit Chili und Cashewkernen (im Garten hat man eher Walnüsse). Wichtig: Nüsse immer rösten und nie mitkochen, sondern erst vor dem Anrichten auf die Suppe streuen.

* Gewürzmischungen sind kaum in so kleinen Mengen zuzubereiten, wie sie einzelne Gerichte erfordern. Ein oder zwei von ihnen auf Vorrat herzustellen erleichtert das Kochen. Mehr lohnt sich kaum, man würde sie nicht nutzen.
Weiter in Lektion 10.

Blumenkohlsuppe

1 l Kartoffelsuppe
200 ml Blumenkohlpüree
1 Messerspitze kräftige Gewürzmischung
(Seite 51)
→ Dazu geröstete Walnüsse, milde Chili (Ajis), frische Feigen, beides gebraten, und Marokkanische Minze (eingeschwenkt).

Selleriecremesuppe

1 l Kartoffelsuppe
200 m Selleriepüree
1 Messerspitze kräftige Gewürzmischung
(Seite 51)
→ Dazu Salbeiblätter, Walnüsse, mit Zimt und Kümmel gewürzten Apfel, alles gebraten.

Das Brot dazu

Zutaten

1000 Bio-Weizenmehl (Type 550)
oder, optimal, aber nicht leicht zu bekommen, Steinmetz-Mehl
½ TL kräftige Gewürzmischung (siehe Seite 51)
500 ml Wasser
2 Packungen Trockenhefe
3 TL Salz
1 TL getrockneter Thymian

Zubereitung

1 Mehl, Salz, Gewürze, Hefe – alle Zutaten bis auf das Wasser in einer Schüssel gründlich vermengen. Wasser auf genau 36 Grad temperieren (dabei hilft ein digitales Thermometer) und dazugeben. Das Gemengsel verkneten, bis sich der Teig vom Schüsselboden löst. Das ist Knuffarbeit und dauert gut 10 Minuten.

2 Den Teig 3 Stunden lang im Backofen auf der niedrigsten Wärmestufe bei 50 (40) Grad gehen lassen. Er soll dabei auf das Doppelte seiner Menge aufgehen. Erprobt ist, den Teig dafür in einer 5-l-Kunststoffbox mit geschlossenem Deckel in den Backofen zu stellen. Das schafft den Hefen zum Gedeihen ähnlich wie Stecklingen in der Gärtnerei ein eigenes Mikroklima. Mitunter ist der Prozess schon nach 2 Stunden abgeschlossen, er kann aber auch länger dauern. Entscheidend ist, dass die Hefen sich entfalten.

3 Nach der Treibphase den Teig nochmals durchkneten und in zwei Teile trennen.

4 Zwei Backformen ölen und mehlieren, das heißt mit Mehl ausschütteln (nicht mit den Fingern hineingehen). Den Teig einfüllen und mit einem Messer im 40-Grad-Winkel 2 cm tief richtig einschneiden. Vielleicht ist es das, was dem Brot eine schöne Kuppel gibt und die Kruste knusprig werden lässt. In jedem Fall sieht es schön aus. 1 TL Sonnenblumenöl in Längsrichtung auf dem Teig verstreichen und den Teig nochmals im 50 Grad warmen Backofen gehen lassen. Er wächst wieder um das Doppelte.

5 Die Formen herausnehmen, den Gitterrost umgekehrt auf den Backofenboden legen (sodass die Trallen aufliegen), den Ofen auf 250 Grad auf- und 20 Minuten durchheizen, Mehl mit einem Teesieb auf die Laibe stäuben und sie anschließend auf dem Backofenboden (wichtig) 30 Minuten lang goldgelb backen. Herausnehmen und vor dem Anschneiden 2 ½ Stunden abkühlen lassen.

Das Rezept eignet sich für Kastenformen, nicht für frei stehende Brote, der Teig würde beim Backen zerfließen.

Theorie

Jedes Mehl verhält sich beim Zugeben von Wasser anders. Um keinen matschigen Teig zu bekommen, ist es gut, mit 400 ml anzufangen und die letzten 100 ml erst hinzuzufügen, wenn er zu trocken gerät. Thymian und Gewürze können weggelassen werden, sie dienen dem Aromatisieren.

Ein Trick ist, den Teig abends um 21 Uhr mit 10 Grad kaltem Wasser anzusetzen, über Nacht bei Zimmertemperatur (20 Grad) gehen zu lassen (spart 3 Stunden Heizen des Backofens) und am nächsten Morgen um 7 Uhr »zusammenzuschlagen«, das heißt nochmals durchzukneten, in die Formen füllen, 30 Minuten gehen lassen. In den auf 250 Grad vorgeheizten Ofen schieben und 30 Minuten backen. Mit wenigen geplanten Handgriffen ist so das tägliche Familienbrot gefertigt.

Siebte Lektion: Das Karamellisieren

Überraschung ist die Königskunst: Spargel schmeckt fruchtig-süß, Rhabarber glänzt, die Karotten sehen wie lackiert aus. Wer den Bogen heraushat, setzt mit Karamell Lichtpunkte in ein schlichtes Gemüsegericht. Einfach ist, Möhre oder Zwiebel mit Zucker und Butter zu backen oder braten. Sie sind dann gebräunt – wie Karamell – und schmecken süß. Doch es geht raffinierter. **Die Methode dafür heißt Glasieren** und bedeutet, dass Gemüse oder Frucht mit einem lackglänzenden klaren Mantel überzogen wird. Doch bis das klappt und Rhabarber, Spargel oder Rosenkohlröschen leuchtend und bissfest auf den Tellern liegen, sind einige Tücken zu meistern.

Viel kann schiefgehen: Die Garpunkte werden verfehlt. Die Pfanne ist nicht heiß genug. Das Gemüse bleibt zu kühl, weil es mit dem Schaber ständig hin und her geschoben wird, oder es verbrennt. Es ist zu viel in der Pfanne oder zu wenig. Der Porzellanteller zum Abkühlen fehlt. Oder der Fond ist nicht weit genug eingekocht. Die Folgen: Spargel wird matschig. Rhabarber zerfällt in seine Fasern.

Fachgerechtes Glasieren will Rübe oder Rosenkohl nicht nur süßen, sondern Konsistenz und Farben bewahren. Zweierlei ist zu erreichen.

Erstens: Das Gemüse bewahrt den Biss. Das wird durchs Unterbrechen des Garprozesses und sofortiges Herunterkühlen (Herausnehmen aus der Pfanne) erreicht. Richtig dafür ist der Moment, wenn die Karotten oder der Blumenkohl beim normalen Zubereiten noch 2 Minuten bräuchten, um fertig zu sein, wenn sie also noch eine Idee zu fest sind. Diese 2 Minuten werden aufgespart, denn beim Glasieren gart das Gemüse weiter.

Zweitens: Der richtige Glanz entsteht aus dem Zusammenspiel von Fond, Butter, Zucker und Hitze. Wichtig ist genaues Hinschauen beim Reduzieren. Gerade, wenn der Fond einzudicken beginnt, wenn er nicht mehr flüssig ist, aber noch nicht sirupartig, wird die Hitze hoch gedreht. Jetzt das Gemüse hinzugegeben und bei kreisender Bewegung die Butter (oder Olivenöl) einschwenken. Fertig.

Karamellisieren lassen sich harte Gemüsesorten wie Rüben, Rosenkohl, Zwiebeln, Sellerie, Spargel, Rhabarber, Kartoffeln. Nicht geeignet sind Gemüse mit offenporigen Strukturen wie Brokkoli.

Die wichtigsten Geräte sind eine hitzebeständige Pfanne (bis 400 Grad), ein großer Porzellanteller, ein Bambusschaber und eine Sauteuse. Wer perfekt sein will, legt Kühl-Akkus bereit.

RESTHITZE NUTZEN, Staudensellerie in die heiße Pfanne legen, Öl dazugeben, anbraten, zuckern, mit einem Spritzer weißem Balsamico-Essig ablöschen, Butterflocke für den Geschmack hinzufügen – und die Pfanne auf ein Holzbrett an die Seite ziehen. Das geht zack, zack, bis hierher hat der Vorgang keine 2 Minuten gedauert. Noch ist das Kraut weich, doch die verbleibende Resthitze karamellisiert es.

* Wichtig ist das Spiel mit der Hitze: ganze Hitze, halbe Hitze oder gar keine Hitze. Um die Wärmezufuhr kurz zu unterbrechen, nutzen Köche eine Triangel, die sie im richtigen Moment unter dem Topfboden auf der Herdplatte platzieren. Soll das Kochgut schnell ganz herunterkühlen, wird es auf einem eisgekühlten Porzellanteller deponiert. Profis nehmen Kühl-Akkus zur Hilfe.

LEUCHTENDE RADIESCHEN
Vom Karamellisieren unterscheidet sich Glasieren dadurch, dass der Überzug nicht gebräunt ist, sondern klar bleibt. Perfektes Beispiel: das Radieschen unten links in der Pfanne. Das Rezept dazu steht in Lektion 3 unter dem Stichwort »Braten«, Seite 28.

Karamellisieren, angepasst für jedes Gemüse

Rhabarber, 1. Variante Rhabarber in 7 cm lange Rauten schneiden (dicke Stangen halbieren), scharf anbraten, Pfanne dabei stehen lassen – jede Bewegung nimmt Hitze* weg. Wenn der Saum des Obstgemüses braun wird, gleich nacheinander 1 EL Zucker und eine Prise Salz dazugeben. »21« zählen, mildes Olivenöl, Thymian, 1 Prise kräftige Gewürzmischung und Zitronenzesten einschwenken und anrichten.
→ Dazu Brokkoli und Zuckerschoten, beide gedünstet, mit Petersilie gewürztes Kartoffelpüree oder Quarknocken.

Rhabarber, 2. Variante mit Soße: Am Vortag einen Rhabarberfond ziehen (Seite 27). Die Stangen in 7 cm lange, 1 cm breite Rhabarberstücke schneiden und scharf anbraten (Pfanne heiß werden lassen, den Rhabarber hineinlegen, 1 EL Öl dazugeben und eine Prise Salz). Den Rhabarber, sobald er leicht in sich zusammenfällt, aber noch mehr als Biss hat, herausnehmen und auf einen Porzellanteller legen (er soll, statt weiter zu garen, auf dem Teller abkühlen). Den Fond in die Pfanne geben und simmernd auf die Hälfte reduzieren, dann bei größter Hitze mit Kartoffelstärke binden. Dabei die Pfanne auf der Herdplatte kreisend bewegen, sie darf nicht den Kontakt zur Hitze verlieren. Die Soße soll schön sämig werden. Rhabarber wieder in die Pfanne geben und köchelnd erwärmen. Sind alle Garpunkte erreicht, glänzt er wie glasiert.
→ Dazu gebratenen Knollensellerie mit eingeschwenktem Liebstöckel und Pellkartoffeln.

Spargel Spargelstangen anbraten (Pfanne heiß werden lassen, Spargel hineingeben, dann 1 EL Raps- oder Sonnenblumenöl), wenn sie noch viel Biss haben, herausnehmen und auf einen kalten Porzellanteller legen. Jetzt einen milden Gewürzfond (nur von Koriander und Lorbeer) in die Pfanne geben und bei voller Hitze aufkochen und auf 1 EL reduzieren. Spargelstangen, 1 Prise Zucker und Zitronenzesten dazugeben und noch einmal bei voller Hitze »kurz anticken«, bis die erste Blase aufsteigt. Jetzt mit kräftigem Olivenöl (4 EL) binden, darauf achten, dass sich Fond und Öl zur Emulsion verbinden und die Stangen zu glänzen beginnen. Das Ganze ist nicht einfach und muss sicher einige Male geübt werden.
→ Dazu Rhabarber, Kartoffelknödel oder -püree und ein pochiertes Kräuter-Ei.

Frühlingslauch Die Stangen im Ganzen mit etwas Grün anschwitzen, salzen, ½ TL Butter und die gleiche Menge Zucker zugeben. Der Zucker karamellisiert und färbt den Lauch sahnebonbonfarben.
→ Dazu gebratenen Ysop oder gebratenes Bohnenkraut und Kartoffeln.

Karotte Die halbierten Karotten im heißen Topf anschwitzen, salzen und im eigenen Dampf garen. In dem Augenblick, in dem sie noch 2 Minuten bräuchten, um gut zu sein, herausnehmen und auf einen Porzellanteller legen. Den Fond im Topf mit ½ TL Zucker zum Fast-Sirup einkochen, Karotten wieder dazugeben, aufkochen. Wenn der Fond auf die Menge von etwa 1 EL eingekocht ist, die gleiche Menge kalte Butter hinzugeben. Der Fond glasiert die Wurzeln und bringt ihre Farbe zum leuchten.
→ Dazu Griesnocken und gedünsteten Kohlrabi.

Chicorée Die Stangen vierteln oder, wenn sie klein sind, halbieren. Pfanne erhitzen, bis sie dampft. Den Chicorée mit etwas Sonnenblumenöl anbraten, bis er an den Seiten beginnt, braun zu werden. Zucker (auf zwei Stangen 2 TL), Gewürze, zum Beispiel etwas Pfeffer, Kümmel, Chili und Koriander, und weißen Balsamico-Essig dazugeben. 1 Minute warten, die Pfanne beiseiteziehen, 10 Minuten ruhen lassen, 1 TL Butter zugeben, dann karamellisieren lassen.
→ Lecker mit Petersilien-Pesto, einer leichten Béchamel, gebratenem Blumenkohl, gerösteten Mandeln und Berberitzenbeeren.

Achte Lektion: Kräuter in der Küche

Sie können Salz ersetzen, Pfeffer und Zucker. Sie werden frisch geschnitten, gebraten, püriert und in öligen Pasten genutzt. Die folgenden fünf Kräuter geben eine gute Basis. Natürlich fallen jedem Gärtner sofort andere ein. Doch welche Verwirrung im großen Kräuteruniversum. In Butter kross gebratene Salbeiblätter sind noch das einfachste. Bergbohnenkraut ist ein schöner Bodendecker, aber scharf und schwer zu dosieren. Rosmarin wird schnell dominant. Und was weiter? Wenige gründlich kennenlernen ist der Tipp von Dusko Fiedler. Wer ein Jahr lang fünf Kräuter in allen Varianten ausprobiert und dann die nächsten dazunimmt, lernt am schnellsten.

KRÄUTER RICHTIG HACKEN. Eine Hand wiegt und führt das Messer, die andere stabilisiert, indem sie – Daumen angespannt und oben – mit dem Handballen auf dem Klingenrücken Druck erzeugt. Die übrigen Finger bilden eine Art von »Stützfuß«.

Fünf wichtige Kräuter

Petersilie, das Allzweckkraut, lässt sich braten und pürieren. Es würzt, als knuspriger Zusatz, das Spiegelei, den Blumenkohl, die Kartoffelsuppe. Petersilie nie so lange hacken, bis sie ausgeblutet auf dem grün gefärbten Brett* liegt. Sondern das größte scharfe Messer wählen, das zur Verfügung steht.

* Der richtige Untergrund fürs Kräuterhacken ist eine Platte aus hochwertigem Kunststoff. Sie sollte 30 mal 50 cm groß und schwer sein und ist gut für alle möglichen Arbeitsvorgänge. Sie ist nicht ganz billig, kostet circa 40 bis 50 Euro (zum Beispiel im Gastronomiebedarf), dafür lässt sie sich abschleifen und hält ein Kochleben lang.

Marokkanische Minze lässt sich von allen Minzearten besonders leicht nutzen, weil ihre Blätter stabil bleiben. Richtig verwendet, ist sie überall da, wo etwas säuerlich, mentholartig, frisch und leicht schmecken soll, wie zum Beispiel kandierter Spargel und Quarknocken. Beim Blumenkohl ersetzt sie die Zitrone, aromatisiert auch Spiegelei und Porree.

Thymian ist noch aromatischer als Majoran und lässt sich ähnlich einsetzen. Die kleinen Blätter vom Stängel abstreifen, schneiden, frisch verwenden oder kurz braten. Thymian ist ein Klassiker in der Tomatensoße, überraschend als Gewürz bei Karotten oder Schwarzwurzelpüree.
Allerdings: Getrockneter Thymian ist geschmacksintensiver als frischer und lässt sich überdies leichter handhaben. Im Sommer ernten und in großen Mengen trocknen. Er hält das Aroma gut.

Dill muss vorsichtig eingesetzt werden, denn in großen Dosen übertüncht sein Aroma alle anderen.

Leichter lässt sich sein Geschmack steuern, wenn er mit anderen kombiniert wird, etwa mit Petersilie oder Minze, beides zusammen würzt gebratene Radieschen und Fenchel.

Majoran ist ein Klassiker in Kartoffelspeisen. Weil seine Blätter dickfleischig sind, werden sie am besten kurz in heißer Butter gebraten. Kartoffelkloß mit gebratenem Majoran und vielleicht ebenfalls gebratenen Johannisbeeren ist ein Gedicht. Ebenso passt er zu einem Omelett oder salzigen Pfannkuchen. Den kräftig schmeckenden Majoran nicht mit anderen Kräutern mischen.

Kräuter richtig braten

Erst gebraten, entwickeln Kräuter ihr Aroma. Sie schmecken kräftig und knusprig und helfen, einen Ausgleich für das fehlende Fleisch in der Gemüseküche zu schaffen.

Sollen Kräuter zum Beispiel Spiegeleier würzen (es könnten aber Quarknocken oder Kartoffelklöße sein), lassen sie sich am praktischsten im kleinen Arbeitsgang neben den Eiern braten. Wichtig ist dann, eine große Pfanne zu wählen, die Platz lässt. Die **Spiegeleier** wie gewohnt mit Sonnenblumenöl braten. Kurz bevor sie gut sind, für den Geschmack etwas Butter hinzugeben und in dieser Butter gleich die Kräuter mit rösten. Petersilie passt gut. Auch Chili und natürlich Schnittlauch, der wird allerdings nicht gebraten.

Zum Würzen auch Gemüsegrün mitbraten

Fenchelgrün Die haarförmigen Fiederblätter des Doldenblütlers schmecken wie die Samen und Knollen kräftig nach Anis. Es ist nicht ganz leicht, sie knusprig, aber noch grün anzubraten. Blätter in eine trockene heiße Pfanne geben, Öl dazu, anbraten, zuckern, mit weißem Balsamico ablöschen. Auf einem Brett zur Seite ziehen, zwei Minuten Resthitze nutzen. Lecker mit Wassermelone (gebraten), getrockneten Cranberrys, Berberitzen (geschwenkt) und Walnüssen (geröstet).

Radieschenblätter Auch bei Radieschen steckt in der ganzen Pflanze das gleiche Aroma. Die Blätter schmecken ähnlich senfartig wie die kugeligen Knollen. Beim Braten hin und her schieben, das geht bei den durch das Braten hauchzart gewordenen Blättern am besten mit einer Winkelpalette.

Perfekte Arbeitsinstrumente sind der Bambusschaber – ein preiswertes Werkzeug, für 1,20 Euro im Asia-Laden zu haben – und die Winkelpalette zum Kräuterwenden. Die ist mit rund 40 Euro zwar teurer, doch ohne sie lässt sich kein Radieschenblatt oder Fenchelgrün umheben, und sie nutzt zudem beim Braten von Quarcknocken oder Glattstreichen von Torten.

Kräuterpasten herstellen

Die Pasten würzen Pürees, Suppen, Kartoffelklöße. Und sie sind wie Pesto bei Reis- oder Nudelgerichten zu verwenden, wobei Nüsse und Käse nicht in die Paste gearbeitet werden. Denn warum die teuren Kerne, den teuren Käse klein mahlen und hineinmengen? Soll ihr Geschmack zum Gericht beitragen, macht es mehr Sinn, die Pinien- oder Walnusskerne anzurösten, Pecorino und Parmesan mit einem Sparschäler fein zu hobeln und beides sichtbar auf den Teller zu geben.

Zutaten

1 Handvoll Kerbel
1 Handvoll Petersilie
Zesten von 1 Zitrone
100 ml Sonnenblumenöl
1 Prise Salz

Zubereitung

Kräuter in eine Häckselmaschine füllen, so viel Sonnenblumenöl dazugeben, dass nicht mehr als ein Fingerbreit davon auf dem Boden steht (der Kräutermix soll nicht ölig schmecken), Zitronenzesten ziehen und beifügen und das Ganze zerhäckseln – **»blitzen«** nennt es der Koch. Das heißt die Häckselmaschine wird nur fünfsekundenweise an-, dann wieder aus- und wieder angestellt. Wichtig ist, dass sich die Kräuter beim Kleinschnitzeln nicht erhitzen, das würde sie grau machen.

Kombinationen

Wichtig ist, dass die Kräuter sich im Geschmack ergänzen. Das gelingt zum Beispiel bei:
- Kerbel, Petersilie und Zitronenzesten
- Rauke, Petersilie und Kerbel
- Rauke, Petersilie und Minze

KRÄUTER LAGERN. Eine frische, makellose Gartenernte lässt sich etwa vier Wochen im Kühlschrank aufbewahren. Das eigene Kondenswasser hält die Stängel frisch, wenn sie wöchentlich (wie beim Blumenstrauß) zurückgeschnitten werden. Wichtig ist, möglichst lichtundurchlässige, also blaue (und nicht wie auf dem Bild weiße) Gefrierbeutel zu nehmen.

ORANGENZESTEN INS PESTO
Um Kräuterpaste universeller einsetzen zu können, statt Nuss und Käse lieber Zesten von Zitrusfrüchten beigeben.

Kräuter-Pfannkuchen

Zutaten

1 Ei
300 ml Milch (3,5 %) und 100 ml Mineralwasser
4 EL Mehl
1 gehäufter EL kräftige Gewürzmischung (Seite 51)
Zesten von ½ Zitrone
2 EL Petersilien- oder Kerbelpaste
1 Mokkalöffel Paprika edelsüß

Zubereitung

Zutaten in einen Becher füllen, mit dem Zauberstab mixen und 1 EL Öl pro Pfannkuchen braten.

→ Dazu gebratenen Spargel, mit Thymian geröstete Tomaten, Schnittlauchquark und Kartoffeln.

Neunte Lektion: Die Gewürze

Erst das Rösten schließt bei Hartgewürzen die Aromastoffe auf, das sind die ätherischen Öle. Vertraut ist der Vorgang beim Kaffee, auch seine Bohnen werden geröstet, um ihren Geschmack hervorzulocken. Das Gewürz-Rösten ist unkompliziert, schnell gemacht und verbreitet Duft. Eine trockene kleine Pfanne (aus Teflon oder Gusseisen) auf dem Herd heiß werden lassen, Pfeffer, Koriander oder Kümmel hineingeben und unter ständigem Hin-und-her Schuffeln rösten. Die Gewürze dürfen nicht verkohlen, das würde sie bitter schmecken lassen. Anschließend in einer Gewürzmühle – oder einer alten Kaffeemühle, manche haben fein verstellbare Mahlwerke – mahlen.

Zu den harten Gewürzen gehören neben den orientalischen wie Piment, Nelke, Sternanis oder Pfeffer auch Samen einheimischer Pflanzen und Gartenkräutern. Fast alle sind Doldenblütlern wie Kümmel, Koriander, Fenchel, Anis – oder die früher gebräuchliche Würzsilie.

Als grundsätzliche Regel gilt: Geröstete und gemahlene Gewürze dienen dem Aromatisieren oder auch Parfümieren von Speisen und werden erst direkt vor dem Anrichten hinzugefügt.

Gemahlene Gewürze in gut verschließbaren Behältern aufbewahren (zum Beispiel in Vakuumdosen aus Kunststoff von Emsa). Nur kleine Mengen auf Vorrat herstellen, sie halten nicht länger als 14 Tage ihr Aroma.

Fünf wichtige Gewürze

Kümmel werden auch die mögen, die ihn verabscheuen, wenn er geröstet ist. Denn dann fangen seine ätherischen Öle an zu duften. Sie entwickeln ein kräftiges rauchiges Aroma, das vor allem Männer anzieht, die in Gemüsegerichten Fleisch vermissen. Kümmel ist für viele Entdeckungen gut, er würzt Reis, Brot, Kartoffeln. Und er hat die Fähigkeit, ungeliebte Geschmäcker zu überdecken, zum Beispiel den von Blumenkohl.

Schwarzer Pfeffer hat fast keinen Duft. Man sollte ihn (wie Muskat) auf jeden Fall erst in letzter Sekunde zum Gericht geben, mit gekocht, wird er leicht bitter.

Koriander gibt Süße. Es ist ein klassisches Gewürz für Gerichte aus Hülsenfrüchten und für Brote.

Fenchel schmeckt anisartig. Vor dem Rösten die Körner quetschen. Praktisch und schnell geht das mit der Unterseite eines kleinen Stieltopfes auf einem Brett.

Lorbeer würzt nicht nur, er steht für Kraft. Er belebt Körnerbohnen, die gekocht werden, ist richtig im Kartoffelwasser und ersetzt, wenn erforderlich, Salz.

Gewürzmischungen

Das Geheimnis der schmackhaften Gemüseküche ist – neben dem Garen auf den Punkt und der richtigen schnellen Hitze, man kann das nicht oft genug betonen – der Einsatz von Gewürzmischungen*. Bei der Kombination sind der Phantasie kaum Grenzen gesetzt. Einige Beispiele:

* »Masala« heißen Gewürzmischungen in Indien, wo sie in jedem Ort, in jedem Haushalt individuell hergestellt werden. Mit der Crossover-Küche sind sie in den 1990er-Jahren nach Europa gekommen. Wichtig ist ihr sparsamer Einsatz, denn der Eigenschmack von Gemüse und Früchten soll in keinem Fall übertrumpft werden.

Kräftig 1 EL Pfeffer, 1 EL Kümmel, 1 TL Koriander. Körner in der trockenen heißen Pfanne rösten, anschließend mahlen. Peppt auf, was kein starkes Eigenaroma hat und kräftiger schmecken soll, wie etwa Blumenkohl, Rosenkohl und Kartoffelpüree, aber auch Johannisbeeren und Erdbeeren, deren Süße durch den Mix hervorgehoben wird.

Fein 1 EL Fenchelsamen, 1 TL Koriander, 1 Mokkalöffel schwarze Pfefferkörner, eventuell 1 Messerspitze Chili. Gleichfalls rösten und mahlen. Gibt sanfte Aromen, gut für Soßen auf Zitronenbasis oder um den Fenchel abzuschmecken.

Zimtig 3 EL Wacholder, 2 EL Kümmel, 4 cm Zimt. Wacholder und Kümmel rösten und mahlen, hierbei den Zimt hinzufügen. Gut zum Würzen von Birnen, Bohnen oder Rhabarber.

Chili-Ingwer 1 Mokkalöffel gemahlener Chili, 1 Mokkalöffel gemahlener Ingwer, 2 Nelken, 1 TL Fenchelsamen, 1 Mokkalöffel klassischer Kümmel, 2 TL Pfefferkörner. Wie oben Hartgewürze rösten und mahlen. Würzt weißes Bohnenpüree, Weißkohl.

Mit Rosenknospen 3 Rosenknospen, 3 Kapseln grüner Kardamom, 1 Messerspitze Zimt, 1 EL Kreuzkümmel, 1 Messerspitze Chilipulver, 1 TL Pfefferkörner. Die Rosenknospen werden ebenso wie die harten Gewürze geröstet. Sie haben ein kräftiges Aroma. Gibt Avocado-Creme oder grünen Bohnen (mit Rhabarber) eine orientalische Note.

ROSENBLÜTEN sind keine Dekoration, sondern geben einen intensiven Geschmack von Rose. Sie werden wie Tee und längstens 10 Minuten lang ausgekocht, dann aus dem Fond genommen. Zu finden sind sie im Asia-Laden.

Gewürzfond

Zutaten
1 TL Pfeffer, 500 ml Wasser,
1 TL Koriander, 1 EL Fenchelsamen

1. Pfeffer, Koriander und Fenchel rösten, 30 Minuten im Wasser simmern lassen, dann passieren. Fürs Auffüllen oder Ablöschen von Suppen und Soßen.
2. Oder rösten, mit nur wenig Wasser (1 Tasse voll und bei Bedarf ergänzen) 60 Minuten bei mittlerer Hitze auskochen, bis die Flüssigkeit zu einem sirupartigen Extrakt eingekocht ist. Hält sich einen Monat und nutzt als Geschmacksverstärker.

Koriander lässt den Fond süßlich schmecken und macht ihn in einer Emulsion mit Olivenöl zum guten Begleiter von Fenchel, Blumenkohl oder Radicchio.

Zehnte Lektion: Das, was satt macht

Auf die richtige Balance kommt es an. Eine gute Mahlzeit enthält nicht nur Vitamine, sondern macht satt und zufrieden. Sie liefert **Kohlenhydrate** (Zucker) und Eiweiß (Protein). Komplexe Kohlenhydrate, solche, die nicht gleich ins Blut gehen, sondern vom Körper langsam zu Zucker, das heißt Energie, aufgeschlüsselt werden, sind Bestandteil von Getreide (dazu gehört der aus Weizen gewonnene Grieß), Reis und Kartoffeln. Lebenswichtige **Eiweiße** sind nicht nur in Fleisch und Fisch enthalten, sondern auch in Milchprodukten, Eiern, Nüssen und Hülsenfrüchten wie Bohnen, Linsen und Erbsen. **Beides** muss in der guten Gemüseküche mit auf den Teller.

GUT FÜRS VORARBEITEN. Für das Aufbewahren im Kühlschrank eine Schale mit Frischhaltefolie auslegen und etwas Öl hineintun, bevor die Klöße hineinkommen. So kleben sie nicht fest.

Grüner Kartoffelkloß

Zutaten

1,5 Kilo mehligkochende Kartoffeln
2 Eier
1 TL Salz
6 EL Petersilienkräuterpaste
40 g Grieß
70 g Mehl
120 g Kartoffelstärke (Mondamin)
Zitronenzesten

1. Ungeschälte Kartoffeln im Ofen backen.
2. Die runzelige Schale abpellen (siehe Seite 32), Knollen noch heiß in einer Schüssel zu Mus stampfen, Stückchen dürfen noch zu sehen sein. Anschließend die Zutaten und die Kräuterpaste hinzufügen, Zesten von einer Zitrone ziehen (man soll auf Zitrone beißen, darum reicht es nicht, die Zitronenschale abzureiben), alles mit der Hand vermengen und den fertigen Teig 10 Minuten ruhen lassen. Diese Zeit braucht der Teig, damit der Grieß quellen kann.
3. Kräftig gesalzenes Wasser in einem 10-l-Topf zum Kochen bringen, Klöße drehen und ins sprudelnde Wasser gleiten lassen. Sobald sie aufsteigen, die Hitze herunterschalten, bis im Wasser keine Bläschen mehr aufsteigen, und je nach Kloßgröße circa 10 Minuten ziehen lassen.
4. Klöße morgens fertigen und kühl stellen oder zeitgenau zubereiten. Sie lassen sich schlecht warm halten.

Die Kartoffelklöße lassen sich hervorragend einfrieren, weil sie Grieß enthalten. Der bindet beim Auftauen Flüssigkeit und verhindert, dass der Teig matschig wird. Fürs Einfrieren die Klöße heiß in Beutel füllen, die Luft rausziehen, verschließen und auf Kühlpads schnell herunter kühlen. Zum Auftauen brauchen die Klöße etwa einen halben Tag. Damit sie nicht matschig werden, sollten sie noch ein bisschen gefroren sein, wenn man sie brät. Wer den ganzen Tag arbeitet, stellt sie darum morgens zum Auftauen in den Kühlschrank.

Wer seinen Bedarf genau kennt, kann die Klöße schneller ohne Grieß und ohne Quellzeit fertigen.

Variationenen

Statt mit dem Petersilienpesto mit der kräftigen Gewürzmischung aromatisieren, das ergibt würzige, auch ein bisschen süßlich schmeckende Klöße.

Kombination

Gebratene Berberitzen und Walnüsse, krosser Salbei, ein Tomaten- oder Tomaten-Gurken-Gemüse ergeben wunderbar einfache und doch sehr spezielle Gerichte.

Weitere Beilagen, die satt machen:

→ **Kartoffelpüree,** Seite 35
→ **Petersilien-Risotto,** Seite 104
→ **Pfannkuchen,** Seite 49
→ **Schupfnudeln,** Seite 166

Bohnenfrikadellen

Zutaten

500 g mehligkochende Körnerbohnen
3 Lorbeerblätter
0,5 TL Salz
300 g Zwiebeln, grob gewürfelt
100 g Ingwer
1 große Zehe Knoblauch
1 halbe Peperoni (oder Chili)
1 Ei, etwas Paniermehl zum Binden

Gewürzmischung:
1 EL Kümmel, 1 TL Koriandersamen
6 Körner schwarzer Pfeffer, 2 Nelken
1 Messerspitze Zimt

1 Bohnen 8 Stunden einweichen, im Einweichwasser mit Lorbeer, ohne Salz 30 bis 40 Minuten garen, bis sie weich sind. Anschließend salzen, Lorbeer rausnehmen und sehr fein pürieren.

2 Parallel die Gewürze bis auf den Zimt in einer trockenen heißen Pfanne rösten und mahlen.

3 Ingwer-Zwiebel-Konzentrat herstellen. Dazu Ingwer schälen, in Scheiben schneiden, die Schale in Wasser 10 Minuten ausziehen (als ob man Tee kocht), den Sud zum Ablöschen beiseitestellen. In einer trockenen heißen Pfanne Zwiebeln mit den Ingwerscheiben anbraten. Öl, klein geschnittene Knoblauchzehe und Chili dazu geben. Wenn die Zwiebeln braun geworden sind (Röststoffe!), mit dem Ingwersud (wenn nötig, Wasser ergänzen) ablöschen und einkochen bis keine Flüssigkeit übrig bleibt. Zwiebeln und Ingwer (sie müssen richtig weich sein) pürieren.

4 Das weiche, trockene, heiße Bohnenpüree mit Zwiebel-Ingwer-Konzentrat, den gemahlenen Gewürzen und Zimt abschmecken, Frikadellen formen, langsam bei mittlerer Hitze braten.

Die Bohnenfrikadellen lassen sich gut einfrieren.

→ Dazu geschmorte Kohlrabi, gebratene Äpfel, Tomaten-Orangen-Soße, 1 Erdnuss-Shortbread.

GEBRATENER QUARK
Der cremige Eiweißlieferant lässt sich, zu Klößen verarbeitet, knusprig anrichten. Dafür muss erst einmal das Wasser aus der Masse gedrückt werden. Der Trick: Ein Tuch in ein Haarsieb legen und Quark einfüllen. Das Sieb in einen Topf hängen und mit einem zweiten wassergefüllten Topf beschweren. Die Klöße formt man mit einem zweiten Löffel oder an der Topfwand.

Quarknocken

Zutaten

1 Kilo Quark
2 Eier
100 g Mehl
6 Stängel Thymian
1 unbehandelte Zitrone

Gewürzmischung:
2 EL schwarzer Pfeffer
½ EL Kümmel
½ EL Koriander

Zubereitung

1 Das Kilo Quark in ein sauberes Leinentuch einschlagen, in ein Haarsieb legen und über Nacht auspressen. Das geht gut, wenn man das Sieb mit dem Quark in einen Topf hängt, einen zweiten, etwas kleineren Topf mit Wasser füllt und auf die zugedeckte Quarkmasse stellt. Sein Gewicht drückt im Lauf der Nacht so viel Wasser aus dem Quark, dass er am nächsten Tag noch etwa 600 Gramm wiegt, trocken und mürbe ist.

2 Nun das Mehl, 2 Eier, die zusammen mit Zitronenzesten gehackten Blätter des frischen Thymians (ergibt zusammen gut 1 EL) dazugeben und mit dem Handquirlgerät vermengen, bis alles eine glatte Masse ergibt. Würzen aus der Mischung nach Geschmack und wieder vermengen.

3 Aus dem angerichteten Quark längliche Klöße mit zwei Löffeln abstechen, in kräftig gesalzenes, siedendes Wasser geben und 20 Minuten garen lassen, nachdem sie aufgestiegen sind.

4 Die Klöße auf einer Frischhaltefolie abtropfen lassen (auf Küchenpapier würden sie ankleben) und in Öl anbraten, bis die Oberfläche sich knusprig bräunt.

Oder die fertig zubereitete Masse aus Punkt 1 und 2 in einen Strudelteig (zum Beispiel Filoteig) einschlagen und bei 180 Grad 40 Minuten zum **Quarkstrudel** backen.

Alles richtig gemacht hat, wer Nocken erzeugt, die in sich »fluffig« wie eine gelungene Zitronenspeise sind. Das ist ein Ergebnis der sogenannten Randschichtenverkleisterung, ähnlich wie beim Brotbacken. Sobald die Klöße in heißes Wasser eintauchen, verschließt sich ihr Äußeres. In ihnen entstehende Gase produzieren kleine Poren.

Varianten

Gewürze wie Thymian, Schnittlauch, Kümmel, gebratener Ysop (herb) oder die Zugabe von Paprikapüree verändern die Nocken in Geschmack und Farbe und passen sie allen erdenklichen Gerichten an.

→ Dazu passen grüne Bohnen, Blumenkohl, Radieschen, Zucchini und Staudensellerie – alles gebraten –, ebenso Kirsch- und Johannisbeerkompott oder gebratene Mango, eingeweckte Kirschen oder Pfirsiche.

Frühling

Schön ist, wenn die Sachen eine Geschichte haben

Dreißig Quadratmeter Land reichen der Gartengestalterin Karin Götz, um von April bis November den Bedarf an frischem Gemüse selbst zu decken. Das erfordert trickreiches Planen und intensiven Einsatz. Ein wichtiges Hilfsmittel ist der Aussaatkalender von Maria Thun. Nach der Stellung des Mondes in den Sternbildern legt er fest, was wo gedeiht.

KARIN GÖTZ investiert den größten Teil ihrer freien Zeit im Garten: »Ich mache das recht intensiv«. Es ist für sie der schöne Ausgleich zu vielen Stunden am Schreibtisch. Fällig ist gerade das Sieben von Kompost für eine Aussaat.

Der Aussaatkalender weist Mondstand vor Löwe aus. Es ist Pfingstsonntag, die Luft ist milder geworden. Karin Götz nimmt sich vor, am späten Vormittag Buschbohnen zu säen und die Tomaten in Töpfe zu pflanzen. Das Sternzeichen Löwe deutet auf Feuer und Wärme hin, gut für alle Pflanzen, deren Früchte man essen möchte. Seit rund dreißig Jahren gärtnert die diplomierte Landespflegerin und Gartengestalterin nach den biologisch-dynamischen Regeln von Maria Thun. Jedes Jahr kauft sie im Spätherbst das DIN-A5-große, einfache Heft mit dem Kalender für das folgende Jahr, der Tag für Tag vorgibt, wann die günstigsten Zeiten fürs Aussäen, Hacken oder Ernten der verschiedenen Pflanzen sind. »Sicher haben die Bohnen trotzdem mal Läuse oder Saat läuft nicht auf.« Doch im Allgemeinen fährt sie gut damit. Entscheidend ist Orientierungshilfe. Maria Thun liefert eine Handlungsstruktur und Karin Götz folgt ihr großzügig. »Es gibt mir ein gutes Gefühl.« Anthroposophin muss sie dafür nicht sein.

Eisen wärmt die Gemüsebeete

Karin Götz und ihr Lebenspartner Wolfgang Hundbiss führen das Büro »Gruppe2 für Garten- und Freiraumplanung«. Zu ihren Projekten gehören die Gemüsegärten im Schwäbischen Bauernhofmuseum Illerbeuren. Wolfgang Hundbiss ist zudem einer der Hauptinitiatoren der jährlichen »Illertisser Gartenlust«, einer der schönsten Pflanzenmärkte in Deutschland, und er baut das »Gartenarsenal« auf, eine der größten Sammlungen von Handwerkzeugen aus dem Gartenbau.

Gemeinsam bewohnen sie ein Sechzigerjahre-Haus mit angebautem Wintergarten in Illertissen. In ihrem knapp tausend Quadratmeter großen Garten gibt es einen etwa fünfzig Jahre alten Walnussbaum, Wildstaudenbeete – eine fröhlich sich selbst aussäende Anarchie –, eine Sammlung Kübelpflanzen und einen nicht allzu großen Rasen.

Vor neun Jahren hat Karin Götz Apfelbäume im waagerechten Kordon gepflanzt, drei Sorten, die sich gegenseitig befruchten: 'Ananasrenette', 'Berner Rose' und 'Zuccalmaglio'. An einer Gartenmauer steht ein kleines Spalier Himbeeren – gerade so viel, um im Sommer ein paar frische Früchte zu haben – und im Taglilienbeet wächst eine Schwarze Johannisbeere, ein Erbstück, eigentlich überaltert, doch sie liefert Jahr um Jahr Früchte für Johannisbeersorbet und etwas Gelee. Die Arbeitsteilung im Garten ist klar und klassisch: Wolfgang Hundbiss mäht den Rasen, schneidet all die Hecken, bei denen die Elektroschere eingesetzt wird, kümmert sich um die Gartenmöbel und die Kübelpflanzen. Stauden, Obstgehölze und Gemüsebeete sind das Revier von Karin Götz.

Die meiste Aufmerksamkeit gilt dem kleinen, von tischhohen Hainbuchhecken markierten Nutzgarten gleich neben dem Sitzplatz. Vier Beete, vier Meter lang und 1,20 Meter breit, sind mit zwanzig Zentimeter hohen Eisenblechen eingefasst. Die hat vor eini-

VIER BEETE, JEDES 1,20 METER BREIT bilden das Raster, in dem Karin Götz vor allem die Zutaten für frische Sommersalate heranzieht. Die KOMPOSTANLAGE mit drei Silos: In einem ruht der Kompost, eins wird beschickt, eins liefert den Humus für Jahr, umgesetzt wird nicht. CUT-AND-COME-AGAIN Rucola erntet Karin Götz fast nur im Frühjahr als Vorkultur. Später setzen im Erdflöhe zu und er schießt schnell in Blüte.

SOMMERSALAT nach den Regeln der Kunst aus milden, würzigen und knackigen Bestandteilen gefügt: Kopf- und Roter Eichblattsalat, Rucola, Kresse, Dill und '18 Jours'-Radieschen.

DIE SCHAR DER HELFER
Die Gartenzwerg-Sammlung gehört zum »Gartenarsenal«, eine kulturhistorische Sammlung von Objekten und Handwerksgeräten aus dem Gartenbau, die Wolfgang Hundbiss aufbaut. Das 60iger Jahre Wohnhaus, davor mit einer tischhohen Hainbuchenhecke gerahmt, liegt der kleine Nutzgarten.

gen Jahren der Spengler im Dorf auf Maß gefertigt und an der oberen Kante umgebördelt. Die Bleche halten die Erde in den Beeten und führen dazu, dass sie sich auch schneller erwärmt.

Fruchtwechsel ist bildlich zu verstehen

Die Beete, jedes wiederum in vier Teile geteilt, ergeben das Raster für eine konsequent seit dreißig Jahren durchgeführte Fruchtfolge. Blatt, Wurzel, Frucht und Blüte heißt die Einteilung, die Karin Götz von Maria Thun übernommen hat. Gemeint sind die Pflanzenteile, die der Menschen erntet und nutzt: Die Blätter von Salat und Kohl, die Wurzeln oder wurzelnahen Organe von Möhre und Radieschen, die Früchte von Bohne, Erbse und Tomate.
Diese sehr bildliche Ordnung erinnert von fern an sympathetische Lehren, die vielen mittelalterlichen Kräuterbüchern zugrunde liegen und die davon ausgehen, dass die äußerliche Erscheinung einer Frucht oder eines Blattes Rückschlüsse auf seine inneren Eigenschaften zulässt: Bohnen heilen Nierenleiden, Walnüsse sind gut fürs Gehirn, Lungenkraut hilft bei Lungenleiden. Wer weiß, ob das bei Maria Thun auch eine Rolle spielte? Tatsächlich nutzt sie die verwandte Elementenlehre. Auch diese ist uralt, galt von der Antike bis ins 18. Jahrhundert und ordnet alle Materie den Elementen Erde, Wasser, Feuer, Luft zu. Sie erklärt sich quasi von selbst. Zu Feuer gleich Sonne gleich Wärme gehören die Fruchtpflanzen. Blattpflanzen brauchen viel Wasser, Wurzelpflanzen stecken in der Erde.
Wesentlich dabei ist: Das System der Maria Thun behält man leicht im Kopf, und es sorgt für den wichtigen Wechsel auf den Beeten.
Der vierten Abteilung mit den Blütenpflanzen kommt dabei die Aufgabe zu, dem Boden ein Jahr Erholung zu verschaffen. »Außerdem sieht es hübsch aus, wie in einem Bauerngarten, wenn ein Viertel der Nutzfläche mit Blumen besetzt ist«, sagt Karin Götz. Und verschiebt jedes Jahr das viergeteilte Pflanzenraster um einen Beetstreifen.

Jahreszeiten diktieren den Speisezettel

In dreißig Jahren hat sich Karin Götz eine Auswahl an Pflanzen ausgeklügelt, die ihren Bedürfnissen genau entspricht. Für Kartoffeln bräuchte sie viel Fläche. Darum baut sie keine an. Dicke Bohnen musste sie aufgeben, »die hatten einfach immer diese schwarzen Läuse.« Kohl, vor allem Brokkoli, hat sie früher gern angepflanzt, »weil man ihn nach und nach abernten kann«. Doch auch auf den verzichtet sie, weil auf dem Grundstück zu wenig Wind geht. Der Garten ist zu sehr von den benachbarten Häusern eingeschlossen. Die Luft staut sich, das macht Kohl für Ungeziefer anfällig. Auch Mangold hat sie ausprobiert und wieder bleiben lassen, »der wird bei uns nicht gern gegessen.« Wichtig ist Sauerampfer, »für frische Suppen früh im Jahr.« Und Gurken, »für Salat, klassisch mit Essig, Öl, Salz und Pfeffer oder mit jungen, kurz gekochten Buschbohnen oder im Kartoffelsalat«. Sie zieht die Gurken als Nachkultur im Frühbeet.
Auf insgesamt 30 Quadratmetern, es gibt noch eine kleine weitere Nutzgartenecke, schafft es Karin Götz, so viel Gemüse anzupflanzen, dass sie vom späten April bis in den November kaum etwas zukaufen

DER WINTERGARTEN mit einer Kollektion *Aspidistra*, der so genannten Schusterpalme Auf dem Tisch ein gutes Dutzend historischer Scheren. Den ARBEITSPLATZ im Garten bildet eine mit Kupferblech bezogene Spanplatte, eingetopft darauf rote Melde. Ihren ERSTEN KOPFSALAT im Jahr zieht Karin Götz aus gekauften Sämlingen. Wolfgang Hundbiss in seiner Pastis-Bar, freitags ist hier Jour fixe für Mitstreiter der »Gartenlust«. Sommer unter'm WALNUSSBAUM, der zwar keine Mücken vertreibt, dafür lichten Schatten liefert.

EINE NIEDRIGE VERSION DES HOCHBEETS Metallene Kanten halten die Erde auch bei starkem Regen an ihrem Platz und führen dazu, dass sie sich schnell erwärmt.

muss – »abgesehen von Kartoffeln, Zwiebeln, Knoblauch, das, wovon man viel braucht«.

Zugegeben, sie verbringt fast jeden Tag eine Stunde im Garten. »Ich mache das recht intensiv.« Aber das ist Liebhaberei, Ersatz für Sport und Ausgleich zur Schreibtischhockerei, »keine Arbeit«. Als Salat auf dem Tisch kommt nur, was jahreszeitlich möglich ist. Das beginnt im März mit vorgetriebenem Löwenzahn – »der Forcer kommt darauf, sobald sich erstes Grün zeigt; im April rückt der dann auf den Rhabarber weiter« – und reicht mit Roter Bete, Endivien- und Feldsalat bis in den November und ist ein Gemüsegärtner, der so kurzfristig vorgeht, wie ein über viele Jahre geübtes Spielen auf einem Musikinstrument.

Und im September warten alle auf die Walnüsse

Der Löwenzahn wächst dort, wo der Walnussbaum den Boden beschattet, »er gehört zu den wenigen Pflanzen, die das aushalten«. Das Verziehen der ausgesäten Salate geschieht mit Bedacht. Die überschüssigen Pflanzen liefern den ersten Salat. »Das ist zwar puzzelig, verlängert aber die Erntezeit.« Jedes der eingeteilten Quartiere in den Beeten hat seine Haupt- und Nebenkulturen. Dort, wo der Blattsalat hinkommt, wachsen zum Beispiel erst einmal Radieschen, vor allem »die französische Sorte '18 Jours', die kommt superschnell«. Und mit Sorgfalt sieht Karin Götz darauf, dass ihr Basilikum im September noch genug Blätter hat für eine Pasta-Soße mit frischen Walnüssen, deren Ernte dann gerade beginnt und auf die sich schon viele ihrer Freunde spitzen. »Ein- oder zweimal essen wir das leckere Gericht, dann erwischt der Frost das Kraut.«

Karin Götz legt keine Vorräte an. Sicher, die Äpfel werden gelagert, auch die Walnüsse, die selbst angebauten Zwiebeln, der Knoblauch und die paar Gläser Marmelade, die sie einkocht, »wenn es mal eine Menge an Früchten gibt«. Doch das Ziel sind viele knackige Salate. Und Kräuter, die im Garten verteilt wachsen, Bohnenkraut bei den Bohnen, Salbei bei den Stauden, Rosmarin in Töpfen, so dass er im Oktober in den Wintergarten übersiedeln kann: »Der würzt uns, wenn es aus dem Garten nichts Frisches mehr gibt Bratkartoffeln, Wachteln oder Hühnchen«.

RICA

Erdbeeren

Erdbeer-Rumtopf

NACH EINEM REZEPT VON ALICE VOLLENWEIDER

Erdbeeren
Zucker
auf 500 g Früchte
250 bis 400 g
brauner Rum
mindestens 54 %

1 Erdbeeren reinigen und den Stiel entfernen.
2 Die sauberen Früchte mit Zucker vermischen, einige Stunden stehen lassen.
3 Vorsichtig umrühren, in einen Steinguttopf füllen und mit Rum aufgießen, bis die Beeren vollständig bedeckt sind.
4 Den Topf sukzessive in der Erdbeerzeit füllen. Dabei gelten immer die gleichen Regeln: Erdbeeren reinigen, mit Zucker versetzen, Saft ziehen lassen, einfüllen, Rum dazugeben, darauf achten, dass die Früchte bedeckt sind.

Kein anderer Nachtisch sei so einfach und dabei fein wie ein »puristischer« Erdbeer-Rumtopf, schwärmt **Alice Vollenweider,** die Verfechterin simpler Speisen und Autorin von **»Aschenbrödels Küche«**. Weil er mit vergleichsweise wenig Zucker angesetzt wird, ist er nicht so süß. Dafür erfordert er Aufmerksamkeit. Die erste Zeit nach dem Einfüllen muss der Rumtopf wöchentlich kontrolliert werden. Fängt er an zu gären, etwas Zucker nachgeben. Hört es nicht auf, noch mehr Zucker dazugeben. Nach fünf bis sechs Wochen ist die kritische Zeit überstanden, und das alkoholische Gemisch kann bis zu den dunklen Wochen im November ruhen. Es »hat dann eine faszinierende Wandlung durchgemacht: Die Erdbeeren haben das sanfte Braun des Rums angenommen und der Rum hat den Erdbeergeschmack so sehr absorbiert, dass selbst Leute, denen Rum nicht schmeckt, die aromatisch kühle Flüssigkeit schätzen.«

Walderdbeer-Konfitüre

EIN REZEPT VON BRIGITTE WACHSMUTH

200 g Walderdbeeren
200 g Zucker

1 Zucker und Erdbeeren mit dem Handmixer rühren, bis sich der Zucker gelöst hat.
2 In mit kochendem Wasser ausgespülte (nicht abtrocknen), vor allem aber kleine Gläser füllen. Wer sichergehen will, gibt vor dem Verschließen einen Teelöffel Kirschwasser vorsichtig auf die Oberfläche.

Die Konfitüre bleibt recht flüssig und hält sich im Kühlschrank etwa 4 Wochen. Wald- und Monatserdbeeren werden grundsätzlich nicht gekocht, da ihre Samennüsschen schon nach wenigen Minuten bitter werden.

Im Garten der Bielefelderin Brigitte Wachsmuth siedeln Erdbeeren der Sorten 'Quarantaine de Prin' oder die weiße 'Blanc amelioré' in der Nähe von Salomonssiegel, Lungenkräutern und höheren Farnen wie *Dryopteris affinis* 'Cristata' oder 'The King'. Und die rankenlose 'Rügen' rahmt ein schmales Beet. Auch wenn diese europäischen Sorten im Halbschatten gedeihen, sollten sie, damit sie süß schmecken, wenigstens ein paar Stunden Sonne haben.

ALLE REZEPTE GELTEN FÜR VIER PERSONEN

Schnelles Mieze-Schindler-Eis

EIN REZEPT VON ANDREA HELLMICH

500 g Erdbeeren
2 Becher Sahne
Zucker

Einen Tag vor dem Verspeisen zuzubereiten.

1 Die Erdbeeren pürieren.
2 Sahne zugeben und mit dem Pürierstab noch einmal durchschlagen, bis die Menge richtig cremig ist.
3 Zucker zugeben – »immer etwas mehr, als man für süß genug empfindet«, sagt die Gärtnerin Andrea Hellmich, »das ist ideal für Eis« – dann in den Gefrierschrank stellen.
4 Am nächsten Tag ist das Eis fertig. Aus dem Gefrierschrank nehmen, kurz antauen lassen, und reichlich mit frischen Früchten versehen servieren. Am schönsten sind weiße, rosa und schwarze Johannisbeeren, grüne Stachelbeeren, weiße Erdbeeren, gelbe und rote Himbeeren.

FRAGOLINE DI BOSCO AL CHIANTI. Ein edles Glas, am besten Großmutters Kristall, mit Monats- oder Walderdbeeren füllen, vorzüglichen alten Chianti hinzuschenken. Kein Zucker! Es gibt kaum ein besseres Erdbeer-Dessert, sagt die Autorin Brigitte Wachsmuth, die historische Erdbeerensorten erforscht.

Reisauflauf mit Erdbeeren

LANDKÜCHE

Man benötigt
1 ofenfeste Form

1 l Milch
250 g Milchreis
Zitronenschale
1 Prise Salz

50 g Butter,
60 g Zucker
4 Eigelb
4 Eiweiß

300 g Erdbeeren
etwas Vanillezucker

1 Milch mit Zucker, Salz und Zitronenschale aufkochen, Reis hinzugeben, nochmals aufkochen und auf der Warmhalteplatte circa 20 Minuten quellen lassen. Immer wieder umrühren, damit er nicht ansetzt.
2 Butter, Zucker und Eigelb schaumig rühren, in den abgekühlten Reisbrei mischen. Eischnee sehr steif schlagen und unterheben.
3 Eine Form (oder mehrere Förmchen) ausbuttern, die geputzten frischen Erdbeeren hineinlegen, überzuckern und mit dem Milchreis bedecken.
4 Ohne Deckel im auf 180 Grad vorgeheizten Backofen 35 bis 40 Minuten überbacken (in Förmchen circa 10 Minuten), so lange, bis die Oberfläche goldbraun geworden ist.

→ Dazu selbst gemachten Saft von Roten Johannisbeeren. Das Gericht lässt sich ebenso gut mit Stachelbeeren oder frischen entsteinten Kirschen herstellen.

Rhabarber

Rhabarber-Kompott

EIN REZEPT VON DUSKO FIEDLER

500 g Rhabarber
1 EL Sonnenblumenöl
2 EL Zucker
1 Prise Salz

Fond
Rhabarberschalen
2 mal 1 Tasse Wasser
2 EL Zucker
1 Prise Salz
Mark von 1 Vanillestange
1 TL Maisstärke

1 Rhabarber schälen.
2 Schalen in eine Sauteuse geben und einen Rhabarberfond ziehen. Dafür Schalen mit einer Spur Öl etwa 5 Minuten anschwitzen, mit einer Tasse Wasser auffüllen. Zucker, Salz, Vanille hinzugeben, aufkochen. 10 Minuten köcheln lassen, Herd ausschalten, 1 Stunde ziehen lassen.
3 Stangen der Länge nach halbieren, in 7 cm lange Rauten schneiden. Die Pfanne erhitzen und die Rhabarberstücken hineinlegen. Die Temperatur muss hoch sein, damit das Obstgemüse nicht anfängt zu kochen. 1 EL Sonnenblumenöl hinzugeben und anbraten. Darauf achten, dass alle Stücke nebeneinanderliegen. Den Moment abpassen, wenn sich die unteren Kanten des Rhabarbers in der Mitte der Pfanne bräunen. Stücke sogleich auf einen eiskalten Porzellanteller umfüllen. Jetzt erst salzen und zuckern. Eine Druckprobe mit dem Finger sollte zeigen, dass der Rhabarber im Kern fest ist.
4 Fond mit 1 Tasse Wasser aufkochen, passieren, mit Stärke binden, nochmals auskochen lassen.
5 Den ausgekühlten gebratenen Rhabarber in eine Teflonpfanne geben, heißen Fond hinzufügen und zusammen bei vorsichtigem Hin-und-her-Bewegen nochmals aufkochen. Die Rhabarberstücke sollen noch Biss haben.

→ Dazu passen Früchtebrot oder Vanilleeis, ebenso Ziegenkäse und Vollkornbrot. Wenn das Kompott als Beilage zu gebratenem Spargel gegeben wird, den Vanillezucker weglassen.

Rhabarber-Baiser

Rührteig
125 g Butter
125 g Zucker
Ei und Eigelb
Saft von 1 halben Zitrone
3 EL Kartoffelstärke
150 g Mehl
1 TL Backpulver
1 Prise Salz
50 g Rhabarber

Baiser
3 Eiweiß
100 Puderzucker
Saft von ½ Zitrone

1 Butter und Zucker mit dem Handgerät mixen, Ei hinzufügen, Zitronensaft, dann Mehl, Kartoffelstärke, Backpulver und Salz. Alles zu einem glatten Teig verrühren, in eine Springform füllen und glatt streichen.
2 Rhabarber in längliche Stücke teilen, auf dem Teigboden verteilen und bei 190 Grad im vorgeheizten Ofen backen. Abkühlen lassen.
3 Für das Baiser Eiweiß mit Puderzucker und Zitronensaft steif schlagen, auf den Kuchen streichen und bei starker Oberhitze im Ofen auf den äußeren Spitzen goldbraun backen.

RHABARBER braucht zum Gedeihen viel Nahrung. Bewährt hat sich, ihm im Spätwinter eine Packung von verrottetem Grasschnitt zu geben. Wichtig für die Ernte: Die Stangen mit Gefühl »ziehen« und nicht zu viele auf einmal, das raubt der Pflanze die Kraft.

Rhabarber-Erdbeer-Chili-Salsa mit gebratenem Stangensellerie, Kartoffel- und Ingwerpüree

EIN REZEPT VON DUSKO FIEDLER

800 g Rhabarber (das sind 2 große Stangen)
1 l Apfelsaft
1 Prise Salz
2 EL Zucker

500 g Erdbeeren
1 Prise Salz

1 ½ Stauden Stangensellerie
Öl
Gemüsefond oder Mineralwasser
1 Prise Chilipulver

Ingwerpüree
200 g Ingwer (ergibt geschält 100 g)
Wasser
Apfelsaft
Öl
1 Chilischote

1 Rhabarber schälen.
2 Aus den Endstücken und Schalen einen Fond ziehen: Dazu diese in einer Teflonpfanne mit Öl anschwitzen, dann die Hitze auf die kleinste Stufe herunterschalten. Innerhalb 1 Stunde insgesamt dreimal mit Apfelsaft ablöschen und einkochen (reduzieren). Nach dem dritten Mal mit Wasser auffüllen, bis alle Schalen bedeckt sind, aufkochen und ½ Stunde simmern lassen. Dann den Fond durch ein Haarsieb passieren und weiter einkochen, bis er sirupartig ist. Der Prozess ist zwar langwierig, lässt sich aber leicht neben dem Aufräumen, Abwaschen, Bügeln, Umtopfen von Zimmergeranien oder anderen mit Muße zu begehenden Tätigkeiten erledigen.
3 Rhabarber braten: Dazu Stangen der Länge nach halbieren und in 7 cm lange Rauten schneiden. Weiter auf Seite 68, Punkt 3.
4 Erdbeeren braten, nur mit einer Prise Salz würzen und sogleich auf einem Porzellanteller oder Kühlakku (auf ein Brett legen und mit einer Frischhaltefolie abdecken) runterkühlen.
5 Rhabarber- und Erdbeerfond (hat sich bei den gebratenen Erdbeeren automatisch gebildet) mit einem Schneebesen vermengen. Die Früchte dazugeben und mit Chili würzen.
6 Stangensellerie putzen, die zähen äußeren Fäden abziehen (ist er jung und frisch aus dem Garten, erübrigt sich das), in 7 cm lange Rauten schneiden, in eine sehr heiße Pfanne legen, anbraten, bis ein »zwitscherndes« Geräusch zu hören ist, Öl dazugeben, 1 Minute lang anschwitzen, mit Gemüsefond oder Mineralwasser auffüllen, bis die Stangen bedeckt sind, und die Flüssigkeit einkochen. Das dauert vermutlich 10 Minuten. Garprobe nehmen. Der Sellerie soll blond bis mittelbraun und noch bissfest sein. Zum Schluss 1 gestrichenen EL Ingwerpüree einschwenken.

→ Dazu gibt es Kartoffelpüree und Bohnenfrikadellen. Aus dem Kartoffelpüree einen Krater bilden, Stangensellerie hineingeben, Erdbeer-Rhabarber-Chili-Salsa an der Seite anrichten.

Ingwerpüree zum Würzen und Aromatisieren

1 Ingwer schälen und würfeln (1 mal 1 cm).
2 Die Schalen in eine Sauteuse geben, knapp mit Wasser bedecken, aufkochen, 15 Minuten ziehen lassen und so einen teeartigen Extrakt (Fond) herstellen. Er soll scharf, brennend schmecken.
3 Ingwerwürfel anbraten, mit Wasser angießen, einkochen, wieder mit Wasser angießen, zum letzten Ablöschen halb und halb Apfelsaft und den frisch bereiteten Ingwerfond nehmen. Die Garzeit dauert etwa 15 Minuten. Anschließend pürieren und abschließend aufkochen.
4 Püree in ein Schraubglas geben und mit Öl auffüllen. Sorgfältig mit Öl bedeckt halten (lieber etwas mehr Öl als nötig nehmen).

Das Püree hält, im Kühlschrank aufbewahrt, etwa 4 Wochen.

Ingwerpüree belebt Bohnen, Blumenkohl, Kürbisgerichte und Kartoffelpüree – alles, was zusätzliche Frische gewinnen soll. Es kann mit Chilisirup, einer klein gehackten Chilischote oder mit geschmorten Zwiebeln abgewandelt werden.

Spargel

Spargel mit grünen Erbsen, gebratenem Fenchel und Schnittlauchsoße

EIN REZEPT VON DUSKO FIEDLER

500 g Spargel
(ergibt 350 g geschälten Spargel)
Sonnenblumenöl
Zesten von ¼ Zitrone
Zucker

1 Fenchelknolle, ca. 200 g
2 EL Öl
1 Messerspitze Salz
1 Mokkalöffel kräftige Gewürzmischung (S. 51)

200 g grüne Erbsen
25 g Butter
½ TL Zucker
1 Messerspitze Salz
2 EL Mineralwasser

Schnittlauchsoße
500 g Magerquark
1 gehäufter Mokkalöffel mittelscharfer Senf
1 Mokkalöffel Zucker
1 Messerspitze Salz
1 EL Sonnenblumenöl
1 TL Zitronensaft
150 g Schnittlauch (3 Bund)

1 Mit der Zubereitung des Fenchels beginnen: Knolle vierteln, Strünke rausschneiden und mit der Faser papierfeine Scheiben herunterschneiden. Pfanne bei der voller Herdleistung erhitzen, Fenchel hineinlegen, das Öl dazugeben (Reihenfolgen einhalten!) und salzen. 1 Minute braten lassen, ohne Rühren. Dann mit einem Bambusschaber die Streifen wenden. Die gesamte Garzeit beträgt circa 8 Minuten. Würzen, wenn der Fenchel fertig ist, seine Ränder sind dann karamellbraun, ansonsten ist er hell. Er soll dann noch Biss haben.

2 Spargel braten: Dafür zuerst aus den Schalen ein Fond ziehen (Seite 27). Dann eine Pfanne heiß werden lassen, etwas Öl, anschließend die Spargelstangen hineingeben. Spargel braucht 8 Minuten, um gar zu werden. In diesen 8 Minuten immer wieder mit etwas Spargelfond ablöschen und einkochen lassen. Zum Abschluss eine Prise Zucker dazugeben und die Zitronenzesten.

3 Direkt vor dem Anrichten die Erbsen dünsten: Dazu Butter auslassen, Erbsen in den Topf geben (gut ist, wenn er groß und weit ist), Herd hochdrehen, zuckern, salzen und kurz warten, bis es »zwitschert«. 2 EL Mineralwasser zugeben, dann den Deckel schließen und die Hitze wegschalten. Die Erbsen garen bei der verbleibenden Restwärme in etwa 3 Minuten.

4 Quark mit Zucker, Salz und Senf 2 Minuten lang im Mixer rühren, bis er cremig ist. Dann tröpfchenweise das Öl dazugeben, anschließend den Zitronensaft. Mixer ausstellen und den fein geschnittenen Schnittlauch unterheben.

→ Dazu Pellkartoffeln und Himbeeren, die nur kurz in der heißen Pfanne erwärmt wurden, was ihnen eine leuchtend rote Farbe gibt.

Spargel mit gebratenem Spinat und karamellisierten Radieschen

EIN REZEPT VON DUSKO FIEDLER

500 g Spargel
Zesten von ½ Zitrone
und einer ¼ Orange
½ TL Salz

Béchamel
40 g Butter
30 g Mehl
½ l Gemüsesud
½ l Milch

Kerbelpaste
3 Handvoll Kerbel
100 ml Sonnenblumenöl
Zesten von ¼ Zitrone
1 Prise Salz
1 kg Spinat
½ TL kräftige Gewürzmischung (Seite 51)
Öl
Butter

Kartoffeln
1 Bund Radieschen

1 Spargel schälen.
2 Einen Fond ziehen: Dafür die Schalen in eine Sauteuse geben, mit Wasser knapp bedecken, mit 1 EL Zucker, ½ TL Salz, die Zesten von Zitrone und Orange aufkochen, 20 Minuten ziehen lassen und passieren.
3 Spargel im Fond kochen.
4 Kerbelsoße aus einer Béchamel und Kerbelpaste bereiten: Butter im Topf auflösen, ohne dass sie braun wird. Mehl dazugeben, verrühren, nicht bräunen und mit Gemüsesud und Milch ablöschen, erst sparsam, dann den ganzen Rest dazugeben. Die dünnflüssige Soße noch einmal richtig aufkochen, dann 15 bis 20 Minuten simmern. Im Häcksler aus Kerbel, Sonnenblumenöl, Zitronenzesten und der Prise Salz die Paste bereiten und in die kochende Béchamel geben. Aufschäumen und anschließend noch einmal aufwallen lassen. Die Kerbel-Béchamel eignet sich nur zum sofortigen Verzehr.
5 Kurz vor dem Anrichten den Spinat braten: Spinat waschen, zupfen, trockenschleudern und in die dampfende Pfanne geben (Stufe 9, volle Hitze) und 1 TL Öl hinzufügen. 1,5 Minuten warten. In dieser Zeit fällt der Spinat in sich zusammen. Mit dem Bambusschaber rühren. Nach weiteren 1,5 Minuten ist die Garzeit beendet; abschließend mit Butter oder Olivenöl und der Gewürzmischung aromatisieren.

→ Dazu Pellkartoffeln und gebratene Radieschen (Seite 30). Der gebratene Spinat lässt sich gut durch karamellisierten Rhabarber oder Rhabarberkompott ersetzen.

Gegrillter Grüner Spargel

EIN REZEPT VON BRIGITTE WACHSMUTH

Grüner Spargel,
8 Stangen pro Person
Walnussöl
1 Handvoll Pinienkerne
Balsamico-Essig
1 Orange, am besten eine Bitterorange
mit essbarer Schale
Salz, Pfeffer

1 Spargel nicht schälen, sondern nur die weißen Endstücke abschneiden, waschen und unabgetrocknet auf einem mit Alufolie ausgelegten Blech verteilen. Darauf achten, dass die Stangen nicht übereinanderliegen.
2 Reichlich mit Walnussöl beträufeln und für 15 Minuten unter den vorgeheizten Grill geben, einmal wenden. Der Spargel soll noch knackig, aber außen leicht gebräunt sein.
3 Währenddessen in einer Pfanne eine Handvoll Pinienkerne vorsichtig rösten. Wenn sie eine schöne gleichmäßige Färbung haben, auf einen Teller geben und abkühlen lassen.
4 Einen Schuss Balsamico, den Saft und die abgeriebene Schale einer Orange in die heiße Pfanne geben, einkochen lassen, bis die Flüssigkeit die Konsistenz von Sirup hat, salzen und pfeffern.
5 Den gegrillten Spargel auf eine Platte geben, das Öl vom Blech mit Orangen-Balsamico-Sirup vermischen und darübergeben. Pinienkerne darüberstreuen.

Sommer

Ich koste alles, was ich nicht kenne

Andrea und Henning Hellmich kochen für ihr Leben gern, und weil sie dabei viel experimentieren, haben sie im Jahr 2004 in Werder bei Potsdam eine Gärtnerei für aromatische Pflanzen gegründet. Die einzige Adresse in Deutschland, wo es nicht nur vom Küchenkraut bis zum Obstgehölz alles gibt, was lecker ist, sondern wo die Gärtner auch wissen, wie es schmeckt und welche Gerichte zuzubereiten sind.

JOCHELBEEREN sind reif. Andrea Hellmich erntet für eine Grütze am Abend. Die schmackhafte Kreuzung aus Stachelbeere und Schwarzer Johannisbeere stammt aus Dresden-Pillnitz, wo Rudolf Bauer sie in den 1920er-Jahren züchtete.

Test: Das Blatt ist groß und fest. Kurz gekaut, schon zieht ein scharfer Meerrettichgeschmack vom Mund in die Nase. Andrea Hellmich lächelt aufmunternd. »Gartenkresse, *Lepidium latifolium*, gut bei Erkältung, lecker im Kräuterquark.« Eine Entdeckung von vielen. Überraschungen sind sicher, wenn man mit der Spezialistin für alles Aromatische die Gärtnerei durchstreift. »Da, die letzten Maulbeeren. Süß. Aber Vorsicht, sie färben.« Dann zupft sie eine fingernagelgroße orangefarbene Blüte ab, die aussieht wie zwei zusammengefügte Fledermausohren: »Wildbegonie, schmeckt wie saure Drops. Und hier, eine Taglilie.« Bei der großen Blüte zögern viele. Es ist, als ob man einen Schmetterling in den Mund steckte. Die fleischigen Blätter fühlen sich fast lebendig an. Doch dann, das Aroma ist ein Erlebnis, erst kräftig parfümiert, dann etwas zwischen Vanille und Bonbon. In einfachem Rapsöl gebraten, verwandelt es sich in das Aroma von Eierkuchen. Blüten-küche – ein endloses Thema. Bunt, sommerlich, hübsch auf Salat, Pudding und Kuchen. Für Andrea Hellmich ist es nur eines in dem großen Universum schmackhafter Pflanzen. In Werder, nicht weit von Potsdam, auf einem Pfeifengrundstück mit vormals verwildertem Garten haben sie und ihr Mann vor acht Jahren eine Gärtnerei gegründet, die sich ganz auf genießbare Pflanzen konzentriert. Sie unterhalten einen beständig wachsenden Online-Katalog – allein sechs Sorten Süßkartoffeln, Ysop ebenfalls, Kiwi über ein Dutzend – und einen Blog, in dem sie Rezepte weitergeben. An jeder Stelle im Garten kann Essbares wachsen, so die Devise von Andrea Hellmich. Wer ihren Garten wieder verlässt, trägt einen Schatz von Ideen mit sich. Erdbeeren als Bodendecker, Bronzefenchel, Süßkartoffeln, Rhabarber in die Staudenrabatten. Kiwi, als Paravent und Sichtschutz gezogen, eine Maulbeere als Hausbaum – Schlaraffenland, so könnte es aussehen.

Kübelgärtnerei für den Speisezettel

Die Lust am Essen hat das Ehepaar zu Gärtnern gemacht. »Wir gehören zu den Menschen, die jedes Rezept ausprobieren wollen, das sie finden«, erzählt Andrea Hellmich. Damit nötige Zutaten zur Stelle waren, betrieben sie und ihr Mann auf den Balkonen ihrer Wohnung eine ausgefeilte Kübelgärtnerei. »Es gab alles, was klein ist, Bohnen, Möhren, Radieschen, Tomaten, Blaubeeren, ...« Stopp. Brauchen die nicht sauren Boden? »Kein Problem. Wir haben uns Rhododendron-Erde aus dem Baumarkt geholt.« Und weil Kompostwirtschaft und Fruchtwechsel auf dem Balkon nicht funktionieren, wurden alle zwei Wochen die Pflanzen eingekürzt – »so blieben sie kompakt« – und immer wieder umgepflanzt, vor allem in den Kästen. Von der Decke hingen Gefäße mit Kapuzinerkresse. Auf treppenartigen Konstruktionen aus Pflastersteinen standen Töpfe mit Bockshornklee und Indischem Koriander, beide wichtig für die asiatische Küche. In größeren Töpfen gediehen Gurken, Honigmelonen und sogar Mais.

FRISCH GEPFLÜCKT, sind Halme von Zimmerknoblauch, Oregano und Blüten des Anis-Ysops, eine *Agastache*. Fein geschnitten und gehackt, entsteht aus ihnen die Kräuter-Würze für eine Pasta. Unten werden TAGLILIEN-BLÜTEN von *Hemerocallis fulva* 'Europa', in Öl gebraten, wobei sie ein feines Pfannkuchen-Aroma entwickeln. Zusammen mit dem lavendelfarbenen Zimmerknoblauch und einem Blattgemüse aus Rucola, Am Choi Salat und Moschusmalve würzen sie selbst gemachte Pasta.

TUNNEL FÜRS TESTEN. Hinter einem Himbeerfeld sind die praktischen Gewächshäuser aufgebaut. Andrea Hellmich untersucht in ihnen Kiwi-Kreuzungen, Maissorten und in Potsdams Umgebung gefundene Maulbeeren.

Das in den jungen Jahren zusammengetragene Arsenal von Kochbüchern steht inzwischen ungenutzt im Regal. Heute entwickelt Andrea Hellmich ihre Rezepte spontan, beim täglichen Spaziergang durch den Garten. Häufig ergeben sich dabei die typisch asiatischen Pfannengerichte: Auberginen, Zucchini, Paprika, Mizuna, Pak Choi, der chinesische Senfkohl, oder Am Choi, ein scharfer Blattsalat – was sich so in den vielen bunten Beeten finden lässt, kommt in den Wok, wird mit Erdnussöl angebraten und nur mit Sojasoße abgeschmeckt.

Forschergeist treibt die Gärtner

Der Weg zur eigenen Gärtnerei war strategisch geplant. Den Anfang machten Kräuter: »Die gehen am schnellsten«. Das Programm war klassisch: Rosmarin, Thymian, Basilikum, Majoran, klar. Doch von Anfang ergänzte Chinesischer Gewürzstrauch die Auswahl oder Olivenkraut, »unerlässlich«, so Andrea Hellmich, »für eine gute Pastasoße aus Tomaten, Olivenkraut, Oregano und reichlich Knoblauch«. Im nächsten Schritt kamen Obststräucher dazu, weil es mit denen schon drei bis vier Jahre dauert, bis ein Mutterpflanzenbestand angelegt ist. Also: Johannisbeeren – Andrea Hellmich hat drei weiße Sorten dabei, auch die gesuchte 'Weiße aus Jüterbog' –, Himbeeren wie 'Sucré de Metz' und 'Surprise d'Automne', Stachelbeeren genauso wie Akebia, Blauschotenstrauch und Karamellbeere.

Erdbeeren waren zwar erst einmal nicht geplant. »Der Markt war gut versorgt.« Doch als sie von einer Pflanzenfreundin Moschuserdbeeren und Walderdbeeren bekam, war das Jagdfieber geweckt. Andrea Hellmich begann, Wildarten aufzustöbern und zu vergleichen. Sie fand alte Sorten. Sammler wurden aufmerksam, bestellten und fragten an, ob man nicht tauschen könne.

Heute ist Andrea Hellmich ein Tipp für die Freunde historischer Erdbeersorten und führt dreißig Sorten in ihrer Kollektion. Sie hat getestet und ihre – vorläufige – Wahl getroffen. Gut sind: 'Königin Louise', 'Wädenswil 6', 'Vicomte Héricart de Thúry', die 'Weiße Ananas' und die ebenfalls weiße 'Blanc Amélioré', »die fast sechs Wochen blüht und dabei noch besonders saftig ist«. Und natürlich die legendäre 'Mieze Schindler', nur echt, wenn »ihre Früchte durchgehend rot sind, sich ganz weich anfühlen und tief eingesunkene Samen tragen«. Die war bei Hellmichs von Anfang an dabei.

Forschergeist treibt Andrea Hellmich an. »Ich koste alles, was ich nicht kenne«, sagt sie. Waren es am Anfang essbare Nachtschattengewächse, also die Verwandten von Tomate und Kartoffel wie Litchitomate oder Hei Tien Tsai, eine anderthalb Meter hoch werdende Pflanze mit süß schmeckenden johannisbeergroßen Früchten, und Wonderberry, aus deren Beeren man leckeres Kompott kochen kann. So faszinieren sie in letzter Zeit zunehmend Äpfel, Kirschen und Birnen. Vor allem, wenn sie gestreifte Früchte tragen. »Ich habe das Bild einer Streifenkirsche gesehen und mich hoffnungslos verliebt.« Erzählt's, und man hört fast die Hoffnung zwischen den Worten: Hat der Gesprächspartner auch schon mal etwas davon gehört? Hat er einen Hinweis, eine Spur? Kriminalisten, funktionieren so, Bibliophile, Ethnologen, Archäologen – Pflanzensammler auch.

DIE OREGANO-MONARDE 'Scorpion' liefert Blüten für die Salat-Dekoration. Ihre Blätter, isst Andrea Hellmich fein geschnitten auf Frischkäse-brötchen. »Sie geben ein leichtes Aroma von süßlicher Rose.« Gute drei Wochen liefert eine TAGLILIEN-STAUDE Knospen-Nachschub. Eine Ausnahme im Schlaraffenland voller aromatischen Pflanzen ist PHLOX 'Schwerin', so der originäre Sortenname von 'Peppermint Twist'. Lecker ist an ihm nichts. Er gehört zu den streifenblütigen und -blättrigen Pflanzen der Gärtnerin, hier bei der Blütenverkostung.

BEERREN-AUSLESE. Saftig, groß, ertragreich: die Rote Johannisbeere 'Red Lake'. Dünnschalig und würzig: Stachelbeere 'Maiherzog'. Hoch aromatisch: Moschuserdbeere. Ein Klassiker unter den Johannisbeeren: 'Weiße Versailler'. Die älteste bekannte Himbeersorte, vor 1800 entstanden: 'Gelbe Antwerpener'. Süß, saftig, mit Aromen von Blaubeere, Mandel und Kirsche: die Felsenbirne 'Saskatoon'.

MIEZE-SCHINDLER-EIS mit Frucht-Kollektion. Dabei sind Erdbeere 'Weiße Baron Solemacher', Schwarze Johannisbeere 'Hedda', Stachelbeere 'Grüne Kuppel' sowie an Himbeeren die weißfruchtige 'Sucré de Metz' und die rotfruchtige 'Lloyd George'. Rezept auf Seite 67.

Es musste sich nur einer bücken …

Sauerkleeknollen, Vogelmiere, Radieschenblüten: Von Dorow in Nordvorpommern aus beliefern der Gärtner Olaf Schnelle und der Koch Ralf Hiener Deutschlands Sternegastronomie mit ausgefallenen Gemüsen. Begonnen haben sie vor elf Jahren mit Wildkräutern. Heute erforschen sie das ganze Spektrum der Gartenfrüchte. Neue Aromen entdecken sie beim Grillen von Fenchel, Porree, Melonen oder dem noch weithin unbekannten chinesischen Spargelsalat.

DER GARTEN ENTSCHEIDET
Gekocht wird, was er bietet. Dill für die Vinaigrette ist schon mal da. Die Stangen des Spargelsalats sind zwar recht ausgewachsen, aber gleich wird Ralf Hiener (vorn) auch sie mitnehmen. Olaf Schnelle im Hintergrund, auch dabei: Katja, der Golden Retriever.

Wie schmeckt Franzosenkraut? »So als ob man Schnaps und gleich danach einen Espresso trinkt«, sagt der Gärtner Olaf Schnelle. »Es kribbelt so ein bisschen.« Und Löwenzahn? »Ähnlich wie Chicorée.« Vogelmiere? »Wie ganz junger Mais. Kein Salat ohne das liebliche Kraut.« Normalerweise hat jeder, der einen Garten pflegt, auf diese wilden Kräuter ein Argusauge. Meistens, um sie schnellstmöglich auszurotten. Doch statt im Giersch nur einen Würger zu sehen, in der Miere den Unkrautrasen, hat sich Olaf Schnelle gebückt, Blätter und Blüten abgezupft und probiert.

Seit der Jahrtausendwende bauen er und sein Kompagnon, der Koch Ralf Hiener, auf sechs Hektar Land in Nordvorpommern Wildlinge an, solche wie Vogelmiere, Spitzwegerich, Wiesenbärenklau, Brennnessel und Waldmalve. »Essbare Landschaften« heißt die Firma, mit der sie 2005 zu »Mutmachern der Nation« ernannt wurden, 2007 die Auszeichnung »Unternehmer des Jahres« erhielten und seit Kurzem in der Wertschöpfungsgruppe des Manufactum-Gründers Thomas Hoof engagiert sind.

Ihre Ernte verschicken sie, frisch in Portionen verpackt, per Kurierdienst. Erste Adressaten waren die ihnen nahe gelegenen Restaurants an der Mecklenburger Ostsee und auf dem Darst. Dann entdeckte sie der Berliner Spitzenkoch vom »Margaux«, Michael Hoffmann, heute gehören zu ihren Kunden Meister wie Joachim Wissler im »Vendome« in Bensberg oder Nils Henkel im »Lerbacher Schlosshotel«.

Ackern für die neue Gemüseküche

Wildkräuter in der Haute Cuisine. Das scheint ein Vorbote gewesen zu sein zur neuen, viel besprochenen Gemüseküche. »Möglich, dass wir etwas angestoßen haben«, sagt Olaf Schnelle, wenn auch mit einem Zögern in der Stimme. Denn diese Küche, die auf jeden Fall das Wort »vegetarisch« vermeidet, zeichnet sich durch seltsame Superlative aus. Je länger die Mode anhält, desto ausgefallener werden die Kochmethoden – es wird dehydriert, rehydriert, destilliert, konzentriert, extrahiert – und desto fordernder die Wünsche der Kochstars. Sie wollen die kleinsten Blüten, die winzigsten Sprossen, die ältesten oder die wildesten Gemüse.

Um sie zufriedenzustellen, forscht der Gärtner. Sein Grundstück hat er in eine Landschaft aus Pflanzinseln verwandelt, mit einem Teich, in dem Golden Retriever Katja, »ein typischer Schwimmhund«, badet, mit vielen Nischen zum Spielen, Sonnenbaden, Plaudern mit Gästen – oder Grillen. Das Haus, eine alte Kate, liegt mittendrin. Eine Giebelwand ist hoch mit Goldbronzefenchel und Wein verkleidet. In den Pflanzinseln vereint Olaf Schnelle fast ausschließlich Essbares: Um die Schwedische Mehlbeere kräuseln sich Russische Pfefferminze und Phlox. Die Felsenbirnen umgeben sich mit einem Saum aus Rhabarber und Marokkanischer Minze. Es gibt ein Dickicht aus alten Apfel- und Mirabellenbäumen und Beete, in denen neben Erdbeeren und Basilikum Spargelsalat wächst und ein ganz spezieller Sauerklee. Und es

BLÜTENÖL ist Feinarbeit. Wichtig, dass die Blütenblätter in dünne Streifen geschnitten werden. Nicht alle tragen tatsächlich ein Aroma. Phlox, Alant und Malve liefern eher Farbe. Dill dagegen ist Würze pur. Gegrillter Spargelsalat mit Sauerampfer-Creme. Rezept auf Seite 109.

GEMÜSE GRILLEN ist ein Feld voller aromatischer Überraschungen. Denn die Röstaromen, so Ralf Hiener, intensivieren den Geschmack. Wichtig: Immer einen Sack gute Grillkohle in der Reserve haben. Auch wichtig: eine lange Zange zum Wenden. Das Gerät, auf das beide schwören, ist der THÜRINGER GRILL. Er ist wie ein Kamin konstruiert. Zu dem warmen Salat mit geröstetem Brot gehört noch eine Creme. Rezept auf Seite 111.

SPARGELSALAT *Latuca sativa* rar. *angustana*, vorn neben dem Dill. Von der chinesischen Salatsorte isst man die leicht bitteren und saftigen Strünke. Geerntet wird anders als sonst, wenn der Salat »schießt«.

gibt das Feld für Experimente. Hier testet der Gärtner spezielle Bohnen, Erdbirnen und Erdkastanien – »ganz gut« –, auch Wilde Möhre – »eine Enttäuschung« – auf kulinarische Eigenschaften. Es ist ein mühsames Geschäft mit langsamen Erfolgen.

Tüfteln für die Feinschmecker

Sein Kompagnon Ralf Hiener wohnt nach langen Jahren auf dem Land inzwischen in Berlin. Dort organisiert er Kochkurse, zum Beispiel im »Prinzessinnengarten«, einem Gemüsegartenprojekt auf der Brache eines ehemaligen Kaufhauses, wo er mit den Stadtgärtnern spontan Rezepte aus den angebauten Rüben, Kartoffeln oder Kohlköpfen ableitet. Und er tüftelt an aromatisierten Salzen und Ölen und neuer Feinkost wie etwa norddeutschen Antipasti aus den Zuchtpilzen des Schleswig-Holsteiner »Pilzgartens« und eingelegten Rapsblättern. Ralf Hiener sieht in der neuen Liebe zum Gemüse keine Mode, sondern »konsequentes Handeln von Menschen, die gesund leben wollen und es mit der Nachhaltigkeit ernst nehmen«. Er erinnert sich gut an die 1980er-Jahre, als er seine Lehre als Koch machte. »Da waren Erbsen und Möhren aus der Dose das Übliche.« Welch ein Unterschied zu den Gelegenheiten heute, wenn er mit Helgoländer Wildkohl kochen kann, mit gelben und violetten Rüben oder acht verschiedenen Kartoffelsorten.

Lauwarme Salate – ein Riesenthema

Und immer öfter grillt er Knollen, Rüben, Schoten. Für ihn ist das ein »Aha-Effekt«. Zum einen denke niemand daran – »mit Grillen verbinden immer alle Schweinenacken und Würstchen« –, zum anderen bringe der kurze Kontakt mit dem Feuer in den Gemüsen ganz neue Geschmacksaromen hervor. Zudem sei die Zubereitungsart wunderbar schonend: »Man kann den Garprozess abrupt beenden.«
Zu den gegrillten Gemüsen gehört ein zweiter wichtiger Gedanke. Ralf Hiener erinnert sich an Speisekarten aus den 1980er-Jahren – »damals hat man viel in den Vorspeisen herumgespielt« – auf denen lauwarme Salate angeboten wurde, Spargelsalat zum Beispiel, gemischt aus weißen und grünen Stangen mit einer Riesling-Zabaione und wachsweich gebackenem Eidotter, »es darf noch fließen«. Oder einfacher warmer Kartoffelsalat, zubereitet aus heiß gepellten Kartoffeln ('Bamberger Hörnle' oder 'Sieglinde'), heißer Brühe, Öl, Essig, Salz und Pfeffer. Man stelle sich vor, sagt Ralf Hiener, da wollen die Leute gesund und kalorienarm essen, kommen abends nach Hause, nehmen sich grüne Blätter womöglich aus dem Kühlschrank und machen sich ihren Rohkost-Salat. Der ist nicht nur kalt, sondern auch schwer verdaulich. »Das ist doch völlig widersinnig.« Wie viel bekömmlicher und vergnüglich dazu ist dagegen ein Salat aus gegrilltem Gemüse. Möhren, Zucchini, Kohlrabi, Kartoffel, was sich gerade findet, mit ein bisschen Zitrone, Salz und Pfeffer abgeschmeckt. Dazu ein geröstetes Brot. Lecker.

ERNTE IM JULI. Später Rhabarber, erste Äpfel und unreifer Wein von den Reben an der Hauswand. Aus ihm kann man sich JUS VERT bereiten, ein Säuerungsmittel, das früher genutzt wurde, als Zitronen noch nicht zu den ständig vorhandenen Lebensmitteln gehörten. Den Garten hat Olaf Schnelle in PFLANZINSELN auf hügeligem Wiesenland angeordnet., sie bieten ihm die gewünschten Rückzugsmöglichkeiten.

ALLES ALLIUM
Knoblauch und der kugelblütige Lauch wachsen beide ohne große Ansprüche im Garten. Der eine liefert die Zehen für die KNOBLAUCHSUPPE, der andere die Blüten zum Garnieren. Doch Vorsicht: Ein Drittel der Blüten auf dem Foto hätte gereicht. Die Knospen machen die Speise höllisch scharf.
Rezept: 5 Knoblauchzehen im Alufoliensäckchen grillen. Aus 30 g Mehl und 30 g Butter eine Mehlbutter herstellen und mit ihr 1 l Gemüsefond binden. Knoblauch aus der Pelle drücken und zugeben. Mit Sahne, Salz, Pfeffer, Zitronensaft abschmecken.

Johannisbeeren

Kompott aus gebratenen Johannisbeeren

EIN REZEPT VON DUSKO FIEDLER

500 g Johannisbeeren
Öl
1 Messerspitze Salz

Sud
1 EL Zucker
oder nach Geschmack
300 ml Johannisbeersaft,
als Ersatz Tomatenfond
½ TL Maizena

1 Johannisbeeren in der trockenen heißen Pfanne anbraten, bis sie »zwitschern«, einen Tropfen Öl hinzufügen, leicht salzen und weiterbraten, bis ein feiner brauner Saum am unteren Ende der kleinen Kugeln entsteht. Die Hitze bleibt während des maximal 10 Sekunden dauernden Prozesses hoch. (Nur so ist gewährleistet, dass die Beeren nicht kochen und ihre Knackigkeit verlieren.) Haben sich erste braune Stellen gebildet, Früchte auf einen eiskalten Porzellanteller umfüllen – am besten aus dem Kühlschrank.

2 Karamell herstellen: Einen trockenen Topf erhitzen (mit der Hand knapp über dem Boden testen, wann die Wärme anfängt aufzusteigen), 1 EL Zucker (nicht weniger, sonst verbrennt der Zucker) erhitzen, bis er ungebräunt kristallfarben zerfließt. Nicht rühren! Nicht schwenken! Es reicht, den Topf leicht hin und her zu bewegen.

3 Den flüssigen Zucker mit Johannisbeersaft, am besten selbst gemacht (ungesüßt), ablöschen, Hitze reduzieren und warten, bis der Zucker sich in ihm aufgelöst hat. Das dauert 5 Minuten.

4 Wenn die Flüssigkeit vollkommen klar ist, mit Stärke abbinden. Die Konsistenz soll sirupartig werden.

5 Die angebratenen Johannisbeeren dazugeben, aufwallen lassen und sofort in ein kaltes Gefäß geben. Ganz einfach ist es nicht. Damit die Johannisbeeren nicht platzen, braucht es ein bisschen Übung. Leichter geht es mit Kirschen (gleiche Prozedur, aber andere Garzeiten), weil die fast ganz aus Fruchtfleisch bestehen.

Das Kompott lässt sich eine Woche im Kühlschrank aufbewahren und portionsweise verwenden. Dazu heiß in eine Vorratsschale zu geben, sofort eine Frischhaltefolie darauflegen (durch die Hitze bildet sich ein Vakuum; keine Angst, die Folie ist bis 110 °C hitzestabil), anschließend das Gefäß verschließen.

→ Lecker sind die knackig gebratenen Beeren mit ihrer fruchtigen Säure und roten Farbe als Beilage von cremigem Süßkartoffelpüree oder marzipanweichen Kartoffelklößen, neben gebratenem Blumenkohl, Knollensellerie oder ebenfalls gebratenen Steckrüben.

ALLE REZEPTE GELTEN FÜR VIER PERSONEN

Rote Grütze aus dreierlei Saft

EIN REZEPT VON INGETRAUD SCHMIDT-BOHLENS

1 l Saft von Himbeeren, Kirschen und Johannisbeeren
150 g Zucker
100 g Stärke
oder
Grieß

Vanillesoße
½ l Milch
2 EL Zucker
½ Stange Vanille
1 EL Speisestärke
1 Ei

1 Den ungesüßt eingeweckten Saft von dreierlei Beeren mit Zucker aufkochen.
2 Stärke mit kaltem Wasser anrühren und unter ständigem Rühren in den kochenden Saft geben, Grieß, so wie er ist, ebenfalls in den kochenden Saft einrieseln und sieden lassen, bis die Flüssigkeit eindickt. Dann in eine Schüssel füllen.

Wenn die Grütze gestürzt werden soll, 50 g Stärke mehr nehmen.

3 Für 2 bis 3 Stunden kalt stellen, den oberen Rand mit dem Messer von der Schüssel lösen und stürzen.

1 Die Milch mit dem Zucker und der Vanille aufkochen, etwas ziehen lassen und wieder zum Kochen bringen.
2 Speisestärke mit etwas Milch anrühren und die Soße damit binden.
3 Das Ei trennen. Das Eigelb verquirlen und ebenfalls hineinrühren (legieren), die Soße abkühlen lassen, Eiweiß schlagen und unterheben.

Tipp von Ingetraud Schmidt-Bohlens
Praktisch fürs Konsevieren von Saft sind Rumflaschen, zum Verschließen die Deckel von Selterflaschen. Beides braucht nicht sterilisiert zu werden, wird aber nur einmal benutzt.

Johannisbeer-Biskuit

LANDKÜCHE

150 g Butter
150 g Zucker
3 Eier
150 g Mehl
1 Prise Salz
1 kleine Schüssel Rote Johannisbeeren

1 Butter mit Zucker schaumig schlagen und ein Ei nach dem anderen bei ständig laufendem Mixer hineinrühren.
2 Mehl hinzufügen, dann die Prise Salz und die Johannisbeeren unterheben.
3 Eine Form ausbuttern, den Teig einfüllen und bei 120 Grad 30 Minuten lang backen.
4 Abkühlen lassen, aus der Form nehmen und mit Puderzucker bestreuen.

FAMILIENBEDARF Drei Sträucher Rote und Weiße Johannisbeeren sollte man wenigstens pflanzen. Der Saft ist für Grütze, Gelee und als Beigabe in Erdbeermarmlade viel zu schnell aufgebraucht.

Sommerpudding aus Schwarzen Johannisbeeren

EIN REZEPT VON VIKTORIA VON DEM BUSSCHE

Schwarze Johannisbeeren
Rohrzucker
Weiches Sandwichbrot
ohne Rinde

Crème double oder
Sahnequark und Crème
Fraiche zu gleichen Teilen
mit etwas Sahne

1 Die Schwarzen Johannisbeeren waschen und nur mit dem Wasser, das vom Waschen an ihnen haftet, und reichlich braunem Zucker vorsichtig köcheln, dann passieren, um Mark zu gewinnen.
2 Eine Schüssel, gern schmal und hoch, wählen, die zum Stürzen geeignet ist, und mit entrindeten Weißbrotscheiben auslegen, Johannisbeermark darübergießen. Wenn die Scheiben vollständig bedeckt sind und sich vollgesogen haben, weitere Scheiben auflegen und mit Mark auffüllen. Schicht um Schicht fortfahren, bis die Schüssel gefüllt ist. Wichtig ist, dass das Brot vollständig getränkt ist, es darf kein »weißer Fleck« mehr zu sehen sein.

Ein anderes Vorgehen wäre, die Schüssel mit Frischhaltefolie auszukleiden, bevor die Prozedur beginnt, die Brotscheiben zu tränken und zurechtzuschneiden, bevor sie die Schüssel auskleiden.

3 Das Ganze mit einem Teller bedecken und mit einem Gewicht beschweren.
4 Den Pudding kalt stellen. Möglichst über Nacht. Vor dem Servieren stürzen, mit einer Spur Crème double versehen und mit braunem Zucker bestreuen. Dazu Shortbread geben.

Vom braunen Zucker sollte es so viel sein, »dass es knirscht«, wie Viktoria von dem Bussches Großvater immer sagte. Er sei der gemütlichste Mensch gewesen, den sie sich denken kann. Noch mit 70 Jahren ritt Fritz von der Spoerken jeden Morgen aus, kam um 11 Uhr zurück, zog sich um – »Lackpumps mit den Ripsschleifen zu den Breeches« – und setzte sich in seinen Lehnstuhl am Fenster. Sie sieht ihn vor sich, »das Cognac-Glas in der Hand, mit wippenden Pumps«.

Errötendes Mädchen, Schaumspeise

LANDKÜCHE

4 Eier
100 g Zucker
4 Blatt Gelatine
¼ l Johannisbeersaft
⅛ bis ¼ l Sahne

1 Die Eier trennen und das Eigelb mit dem Zucker schaumig rühren.
2 Die Gelatine mit Johannesbeersaft auflösen, darunterrühren und abkühlen lassen.
3 Eiweiß und Sahne steif schlagen. Wenn die Masse beim Rühren eine Straße zieht, beides unterheben und das Ganze in eine Schüssel füllen.

Himbeeren

Himmelsgrieß

EIN REZEPT VON IVETA HAMESTER

1 l Wasser
1 Schale
Himbeeren
Rhabarber
Johannisbeeren
1 zierliche Kaffeetasse
Grieß
Zucker nach Geschmack

1 Früchte mit Zucker in so viel Wasser kochen, dass die Früchte gut bedeckt sind. Wenn sie gar sind, Grieß dazugeben. Nur so viel, dass der Fruchtbrei zwar stockt, aber flüssig bleiben.
2 Masse mit dem Mixer reichlich 20 Minuten cremig schlagen. Mit der Zeit gelangt derart viel Luft hinein, dass sie »puffig« und »wolkig« wird.
3 Der Himmelsgrieß wird mit Milch gegessen. Er ist so leicht, dass er auf der Milch schwimmt.

FÜR DIE HEISSEN TAGE
Kluge Sortenwahl verlängert den Genuss. Von Juni bis zum Frost kann man Himbeeren ernten. Herbsttragende Sorten machen weniger Arbeit als die frühen, deren Ruten hochgebunden werden müssen.

Grießauflauf mit Himbeersaft

LANDKÜCHE

½ l Milch
30 g Butter
½ Tasse Grieß
40 g Butter
2 EL Puderzucker
4 Eier
1 ½ EL Zucker

Saft
300 g Himbeeren
4 EL Zucker

1 Milch mit Butter zum Kochen bringen. Grieß hineinrieseln lassen und zu einem dicken Brei fertig kochen.
2 Butter mit Puderzucker schaumig rühren, die Eier trennen und die Eigelbe eins nach dem anderen dazugeben, zu einer feinen, glatten Creme mixen und in den Grießbrei mengen.
3 Eiweiß und Zucker steif schlagen, unter die Grießmasse heben, in eine gebutterte backofenfeste Form gießen und im vorgewärmten Ofen bei 180 °C etwa 40 Minuten backen.
4 Die Himbeeren mit Zucker aufkochen und durch ein Haarsieb streichen.

Holunder

Holunderblütensirup

EIN REZEPT VON OLIVER GACHOWETZ

20 bis 25 Blütendolden, ohne Läuse!
6 l Wasser
6 Orangen und Zitronen
1 Bund Zitronenmelisse
160 g Zitronensäure
3 bis 4 kg Zucker
2 Packungen Einweckhilfe

1 Orangen- und Zitronen schälen und in Scheiben schneiden.
2 Einen großen Topf wählen, darin Blüten, Fruchtscheiben und Zitronenmelisse mit dem Wasser ansetzen und 24 Stunden ziehen lassen.
3 Alle Substanzen aus dem Wasser entfernen, den Zucker hinzufügen und so lange rühren, bis er sich aufgelöst hat. Das dauert eine Weile.
4 In etwas Wasser die Einweckhilfe auflösen und in den Sirup mischen.
5 In Flaschen abfüllen, verschließen und kühl aufbewahren.

Der Wiener Landschaftsarchitekt Oliver Gachowetz ist Pflanzenspezialist der Gruppe 3:0, die in Eisenstadt, Wien und Umgebung moderne Hausgärten baut. Unter seinen Freunden und Bekannten ist die Zubereitung von Hollersaft in jedem Jahr ein Wettbewerb und die beste Zubereitungsweise Ansichtssache. Rezepte werden ausgetauscht, die Ergebnisse verkostet.
Denn der Sirup darf weder zu süß noch fad sein, darf nicht zu stark nach Zitrone oder anderen Zugaben schmecken. Er soll den besonderen würzig-frischen Holundergeschmack bewahren, der kühlen Sekt zur Sommerbowle macht.
Oliver Gachowetz empfiehlt, die vierfache Menge an Sirup zu produzieren, »damit man die Zeit bis zum nächsten Jahr übersteht«.

Hollermandl

LANDKÜCHE

300 g Zwetschgen
1 reife Birne
½ Tasse Holunderbeersaft
2 EL Zucker

1 Zwetschgen waschen, halbieren und entkernen. Birne schälen, gleichfalls entkernen und in kleine Stücke schneiden.
2 Birnen, Zwetschgen und Holundersaft mit Zucker in einem Topf so lange zugedeckt köcheln lassen, bis ein Mus entsteht.
3 Das Mus durch ein grobes Sieb streichen.

→ Dazu Hefeklöße, und die gehen so:
Man braucht: 500 g Mehl, 1 Hefestück, 120 g Butter, wenig Zucker (1 EL), 1 bis 2 Eier, 375 ml Milch, 1 TL Salz.
Im Mehl eine Mulde bilden, Hefe reinbrösel, diese mit Zucker bestreuen. Warten. Nach etwa ¼ Stunde mit etwas warmer Milch zu einem kleinen Brei in der Mitte der Mulde verarbeiten. Wieder gehen lassen.
Restliche Milch mit Zucker, Butter, Ei und Salz erwärmen, mit dem kleinen Brei und allem Mehl zum Teig kneten. Gehen lassen.
Auf einer bemehlten Platte faustgroße Kugeln formen, diese noch einmal aufgehen lassen und dann über Dampf garen. Dazu ein Geschirrtuch über einem großen Topf mit Wasser festbinden. Klöße darauflegen und mit einer Schüssel abdecken. Die Garzeit beträgt circa 15 bis 20 Minuten.

Holunderbeer-Suppe mit Grießklößen

LANDKÜCHE

1 l Holunderbeersaft
3 Äpfel, gut schmeckt Boskoop
50 g Zucker, besser nach Geschmack
Schale von ½ Zitrone

Griesklöße

¼ l Milch
50 g Butter
100 g Grieß
3 Eier
1 Prise Muskatnuss
1 Prise Salz
Kartoffelstärke

1 Saft mit Zucker, Zitrone und Apfelschnitzen bei gemäßigter Temperatur (Stufe 7) erhitzen.

2 Griesklöße zubereiten: Milch mit Butter aufkochen, dann den Grieß unter fortwährendem Rühren hineinrieseln lassen. Weiter rühren, bis sich ein fester glänzender Kloß vom Topfrand löst. Sofort salzen, Muskat und das erste Ei am besten mit einer Gabel einarbeiten. Dann das zweite Ei und dritte hineinmengen, jedes Ei einzeln. Mit einem Tee- oder Esslöffel Teig zum Rand hinschieben und Klößchen abstechen.

3 Klöße in die sanft brodelnde Suppe gleiten und darin circa 5 Minuten ziehen lassen. Sie schwimmen auf, sobald sie gar sind. Die Suppe mit Kartoffelstärke leicht binden.

Variante

Anstelle von Äpfeln die Suppe mit Birnen als Fruchteinlage bereiten, und die Grießklöße durch »Plauener Spitzen« ersetzen. Das sind Eiweißnocken.
Dafür die Suppe mit 2 EL Mondamin leicht andicken und in eine ofenfeste Schüssel füllen. 2 Eiweiß unter Einrieseln von 1 EL Puderzucker sehr steif schlagen. Mit einem Eßlöffel Nocken formen, auf die Suppe setzen und im vorgeheizten Ofen überbacken, bis die Nocken einen hellgelben Schimmer bekommen.

HOLUNDERBEEREN blühen spät, nach den meisten Obstgehölzen. Der Saft ist eines der besten Hausmittel gegen Erkältung. Mit einem vom Mark befreiten hohlen Zweig pusteten Kranke in früheren Zeiten vom Bett aus die Kerze auf dem Nachttisch aus.

Kirschen

Kirschsuppe und Kirschmadeleine

NACH ZWEI REZEPTEN VON GASTON LENÔTRE

Suppe
½ Flasche Rotwein
Schale von 1 Orange
1 Zimtstange
500 g Weichselkirschen
3 EL Cassis

Kuchen
125 g Butter
1 EL Honig
3 große Eier
125 Zucker
150 g Mehl
½ Päckchen Backpulver
2 EL Cassis
Mandelblättchen
200 g Kirschen

1 Wein mit Orangenschale und Zimt in einem großen Topf zum Kochen bringen und auf die Hälfte reduzieren.
2 Kirschen entsteinen und dazugeben, den Topf mit einem Deckel schließen und fünf Minuten unter Aufsicht kochen. Öffnen und umrühren.
3 Wenn der Kochsaft sirupartig wird, Cassis hinzufügen, aufkochen und anschließend bei geschlossenem Deckel 1 Stunde abkühlen lassen. Schmeckt warm oder kalt. Hält gekühlt gut fünf Tage, sollte aber dann in einem Glas aufbewahrt werden.

1 Butter und Honig im Wasserbad schmelzen.
2 Eier mit Zucker schaumig schlagen. Mehl, Backpulver und Zucker unterheben.
3 Butter mit Honig und Likör zugeben. Den Teig über Nacht an einem kühlen Ort ruhen lassen.
4 Eine runde Kuchenform ausbuttern, mit den Mandeln ausstreuen. Den Teig hineingeben.
5 Kirschen mit Mehl bepudern und auf dem Teig verteilen. Sie gleiten während des Backens in den Kuchen hinein.
6 In dem auf 200 °C vorgeheizten Ofen 30 bis 35 Minuten backen. Wird die Madeleine zu schnell braun, mit Alufolie abdecken.

Suppe und Kuchen ergeben eine wunderbare Sommer-Mahlzeit, was auch jedes für sich allein schafft. Die Anregung dazu stammt aus **Gaston** und **Sylvie Lenôtres »Kulinarische Gartenpartie«** (1999), in der die Familie Lenôtre ihre Rezepte sammelt. Ein Kompendium, durch das man sich Seite für Seite kochen möchte, mit Schalotten-kompott, Gurkencreme und Quittenpüree. Es führt durch die Gärten des Patissiers Lenôtre (1920 bis 2009) und die seiner Kinder Sylvie, Alain und Annie, ebenfalls Meisterköche. Ein Beweis mehr dafür, dass die Lust am Selbstversorgen aus dem Garten viele schmackhafte Wurzeln hat.

Grütze aus Süßkirschen

LANDKÜCHE

300 g Süßkirschen
2 EL Rohrzucker
200 ml Kirschsaft
2 EL Sago

1 Kirschen waschen und entsteinen.
2 Einen Teil der Kerne zerkleinern, am besten geht das vermutlich mit einem Hammer. Die Kerne dazu in ein altes Handtuch einschlagen.
3 Zucker in einem Topf erhitzen und karamellisieren lassen, mit Kirschsaft ablöschen, Kirschkern-brösel dazugeben und diesen Fond 10 Minuten bei niedriger Hitze simmern lassen.
4 Fond durch ein Sieb passieren, mit Sago binden.
5 Kirschen hinzufügen und kurz mitkochen.

Erbsen

Erbsensuppe von frischen Erbsen und Kopfsalat

NACH EINEM REZEPT VON HEINZ MAIER-LEIBNITZ

500 g frische Erbsen
1 Kopfsalat
1 l Fleischbrühe
Salz
Pfeffer
30 g Butter
100 ml Sahne
2 Eigelb
wenn möglich,
1 Handvoll
frischen Kerbel
Brotwürfel

1 Erbsen auspulen, Kopfsalat in Streifen schneiden und beides pürieren.

2 Das pürierte Gemüse in die Fleischbrühe geben und mit Salz und Pfeffer 10 Minuten kochen. Butter dazugeben, Sahne mit den Eigelben verrühren, ebenfalls hinzufügen und noch einmal aufkochen lassen. Lecker mit gerösteten Brotwürfeln und Kerbel.

Wir haben das Rezept für die leichte Suppe in dem **»Kochbuch für Füchse«** des Atomphysikers **Heinz Maier-Leibnitz** gefunden und nachgekocht. Für Maier-Leibnitz (1911 – 2000) war sie eine der besten Suppen überhaupt: »Sie hat eine ganz sanfte Konsisistenz – besonders wenn sie mit Ei und Sahne gebunden ist, und einen ganz kräftigen Geschmack. Man darf nur nicht mit Fett sparen.« Maier-Leibniz war ein begeisterter Hobbykoch und Gastgeber, der die wissenschaftliche Arbeitsweise in sein als Kurs angelegtes Kochbuch übertrug. Die Zubereitung und das Auftragen von Speisefolgen für Gäste versah er ebenso mit Zeitplänen, wie er es von physikalischen Experimenten gewohnt war. Kochen war für ihn ein Handwerk und das folgt Regeln. Da er stets unter Zeitdruck stand, musste es zügig gehen, ohne dass dabei die Qualität zu Schaden kam. Unnötiger Aufwand an Material, Zeit und Arbeit war ihm zuwider. Sein »Kochbuch für Füchse« erschien 1980, heute ist es nur noch im antiquarischen Buchhandel zu kaufen.

KNACKFRISCH Wer Erbsen im Garten ziehen will, muss früh beginnen. Sie leiden unter großer Hitze, müssen deshalb früh ins Beet. Am besten im April säen.

Grasgrünes Erbsenpüree

EIN REZEPT VON DUSKO FIEDLER

200 g frische Erbsen
25 g Butter
½ TL Zucker
1 Messerspitze Salz
Zitronenzesten

Erbsenpüree ist nichts fürs Kochen nebenbei. Gefordert sind Geschwindigkeit, Konzentration, und die Lust am Probieren und Üben.

1 Erbsen pflücken, auspalen und kurz, das sind 5 Sekunden, dünsten. Das gelingt, wenn der Topf groß ist, das heißt eine 28 cm im Durchmesser große Öffnung hat. Die Herdplatte auf Stufe 9 schalten, den kalten Topf daraufstellen, die Butter zum »Zwitschern« bringen und die Erbsen hinzufügen, sogleich zuckern und salzen und den Deckel schließen. 5 Sekunden lang geschlossen halten, den Topf nicht bewegen (das würde Hitze wegnehmen): 21, 22, 23, 24 und bei 25 runter vom Herd.

2 Die Erbsen sofort herunterkühlen, nur so behalten sie ihre Farbe. Dazu in einen Gefrierbeutel füllen, diesen verschließen, flach drücken, aber nicht quetschen und wie die Frikadelle beim Doppel Whopper zwischen Gefrier-Akkus legen (zwei Kühl-Akkus auf einen Porzellanteller, Beutel dazwischen, zwei weitere Akkus darauf). Es dauert drei bis vier Minuten, dann sind die Erbsen durchgekühlt.

3 Die pasteurisierten Erbsen pürieren. Das geht entweder herkömmlich mit einer Gabel. Oder mit der Maschine. Da Erbsen fürs »Cuttern« (Pürieren) zu trocken sind, 1 TL Oliven- oder Sonnenblumenöl und Zitronenzesten zugeben.

→ Dazu in Ringe geschnittene und gut 5 Minuten gedünstete Schalotten, Pfefferminzblätter und Polenta. Und die geht so:
Gemüse- oder Gewürzfond aufkochen, **Polenta** unter Rühren hineinrieseln, aufkochen und wie Griesbrei ziehen 10 Minuten lassen. Etwas Salz, kräftige Gewürzmischung (Seite 51) und eine Handvoll Blattpetersilie dazugeben.

Erbsen mit Parmaschinken

EIN REZEPT VON KARIN GÖTZ

Zarte, frische Markerbsen
Parmaschinken
Olivenöl
Petersilie
Nudeln
Salz
Pfeffer
frisch geriebener Parmesan

1 Erbsen auspalen und in kochendem Salzwasser blanchieren, abgießen und kalt abschrecken.

2 Parmaschinken in feine Streife schneiden und in Olivenöl anbraten.

3 Gehackte Petersilie und Erbsen zugeben und erhitzen.

4 Mit der frisch gekochten Pasta vermischen und mit Parmesan und schwarzem Pfeffer aus der Mühle servieren.

Fenchel

Sformato di Finocchi, Fenchel-Auflauf

NACH EINEM REZEPT VON PELLEGRINO ARTUSI

800 g Fenchel
1 EL Weinessig
2 TL Salz
2 EL Sonnenblumenöl
5 g Dill
3 Eigelb
300 g Sahne
Pfeffer

1 Fenchelknollen waschen, putzen, vierteln.
2 Fenchel mit Weinessig, Salz, Öl und so viel Wasser kochen, dass er gerade bedeckt ist. Er soll weich, aber noch bissfest sein. Wasser abgießen.
3 Fenchel und Dill pürieren und mit Salz und Pfeffer abschmecken.
4 Eigelbe und Sahne verquirlen, unter die Fenchelpaste mischen.
5 Eine große oder mehrere kleine Förmchen mit Öl einfetten, mit der Fenchelpaste füllen und 30 Minuten im Wasserbad bei 120 Grad im Ofen backen.

Der italienische Kochrezept-Sammler Pellegrino Artusi (Seite 143) hatte für Aufläufe aus pürierten Gemüsen eine besondere Leidenschaft. In sein Buch hat er etliche von ihnen aufgenommen. Es gibt »Sformati« mit Bohnen (dann gehören Staudensellerie, Petersilie und Basilikum dazu), Artischocken (Zitronensaft und Knoblauch-zehen), Erbsen (Frühlingszwiebel und Schinken) und Spinat (groß geschnitten und nicht püriert, sondern in Butter gedünstet).

SÄMLING GROSSZIEHEN
Fenchel am besten im Frühjahr als Pflänzchen beim Gärtner kaufen und ins eigene Beet setzen.

Aprikosen-Fenchel

2 Fenchel, Butter
Grobes Meersalz
1 Schuss Weißwein
2 EL Aprikosenmarmelade

1 Fenchel putzen, den Strunk heraustrennen und mit der Faser in Scheiben schneiden.
2 In Butter anbraten, salzen, mit Wein ablöschen.
3 Aprikosenmarmelade dazugeben und einkochen.
→ Passt zu Fisch oder Käse.

Kräuter

Petersilien-Risotto mit gebratenem Chicorée

EIN REZEPT VON DUSKO FIEDLER

Risotto
60 g Zwiebeln
1 EL Sonnenblumenöl
1 Tasse Reis
1 Lorbeerblatt
2,5 Tassen Wasser
1 Zweig Thymian
1 Mokkalöffel Chili
1 TL Salz
½ Mokkalöffel Essigessenz

Petersilienpaste
3 Handvoll Petersilie
100 ml Sonnenblumenöl
Zesten von ½ Zitrone
Zesten von ½ Orange
1 Prise Salz

2 Chicorée
50 ml weißen Balsamico-Essig
2 EL Zucker
1 Mokkalöffel kräftige Gewürzmischung, Seite 51
1 Hauch Chili
1 Mokkalöffel Thymian
Sonnenblumenöl

1 Handvoll Walnüsse
2 EL Berberitzen

1 Einen niedrigen, 23 cm weiten Topf wählen. Darin bei mittlerer Hitze die klein geschnittenen Zwiebeln circa 5 Minuten in Sonnenblumenöl anschwitzen, bis sie glasig sind.

2 Reis und das Lorbeerblatt dazugeben, 2 Minuten lang mit anschwitzen. Kaltes Wasser hinzufügen, unter Rühren sprudelnd aufkochen lassen (Vorsicht, das kann spritzen). Den Topf mit einem Deckel schließen, die Herdplatte ausschalten.
Nach 3 Minuten den Reis durchrühren, Deckel wieder aufsetzen und 10 Minuten quellen lassen.

3 Währenddessen Petersilie in eine Häckselmaschine füllen, Sonnenblumenöl dazugeben, bis ein knapper Fingerbreit auf dem Boden steht, Zitronen- und Orangenzesten ziehen und beifügen und das Ganze zerhäckseln, besser blitzen (siehe Seite 49).

4 Gleichfalls Chicorée vierteln. Pfanne erhitzen, den Chicorée mit etwas Sonnenblumenöl anbraten, bis er an den Seiten beginnt braun zu werden. Zucker und Balsamico dazugeben, 1 Minute warten, Pfanne vom Herd auf ein Brett an die Seite ziehen. 5 Minuten ruhen lassen. Wieder auf die noch heiße Herdplatte setzen und nochmals kurz aufwallen lassen (»anticken«). Gewürze zugeben. Wenn alles richtig funktioniert, ist der Chicorée nicht ganz weich, sondern knackt beim Beißen noch zwischen Zähnen.

5 Walnüsse in einer kleinen Pfanne rösten. Abschließend Butter zugeben und die Berberitzen darin erwärmen.

6 Petersilienpaste unter den gequollenen Reis rühren. Mit Thymian, Chili, Salz und Essigessenz abschmecken. Das Risotto in Nockenform auf den Teller geben, mit Chicorée und dem Walnuss-Berberitzen-Mix anrichten.

→ Petersilien-Risotto passt auch gut zu Auberginenpüree und Rhabarberkompott.
Oder zu Fenchel-Möhren-Gemüse und einem scharfen Zwiebelchutney.
Oder gedünstetem und anschließend mit schwarzen Senfsamen gebratenem Blumenkohl. Die Senfsamen sind geröstet. An den Kohl etwas Butter geben.

FÜR JEDEN IST EIN KRAUT GEWACHSEN Zitronenverbene ergibt aromatischen Tee und würzt die Cremespeise »Bavaroise«, auf Seite 106. BASILIKUM ist nicht frostfest. Ein Frühbeetkasten schützt ihn. ROSMARIN ist dominant. Köche setzen ihn meist vorsichtig ein. Der Klassiker sind Rosmarin-Bratkartoffeln. SALBEI bildet ein ganzes Universum. Er blüht azurblau und kardinalrot, ist krautig oder baumartig. Liebhabergesellschaften veranstalten Weltkongresse zu seinen Ehren.

Minzsoße auf zweierlei Art

NATIONALKÜCHE

Soße
½ Tasse frische Minze
1 EL brauner Rohrzucker
2 Tassen Weißweinessig

1 Minzeblätter ernten. Verschiedene Sorten ergeben verschiedene Geschmacksnuancen. Fein schneiden.
2 Zucker dazugeben, vermengen und 30 Minuten stehen lassen.
3 Mit Essig auffüllen, das Ganze aufkochen, abgedeckt mindestens 1 Tag, besser 1 Monat ziehen lassen.
Die Soße hält sich bis zu 1 Jahr im Kühlschrank.

Aus dem Katalog No. 2 der Gärtnerei Herbs im norddeutschen Nuttel. Die wiederum gibt als Quelle ihres Rezepts die australische Kinderbuchautorin und Minzsammlerin Jackie French an: »Mint sauce is common, true mint sauce is rare.«

Bratensud
8 EL Minzeblätter
4 EL kochendes Wasser
1 EL Honig oder Holunderblütensirup
1 Lammkeule
Meersalz
Grüner Pfeffer
Butter am Anbraten
3 EL Balsamico- oder Weißweinessig

1 Blätter zerkleinern und mit kochendem Wasser übergießen.
2 Honig unterziehen, 1 Stunde ziehen lassen.
3 Lammkeule mit Meersalz und frisch gemahlenem grünem Pfeffer einreiben, mit Butter bei großer Hitze auf dem Herd anbraten. Dann in den auf 225 °C vorgeheizten Ofen stellen und garen (30 Minuten pro 500 g Fleisch). Ofen auf 180 °C herunterstellen und das Fleisch alle 10 Minuten mit der Minzsoße begießen.
4 Vor dem Servieren Essig in die aufgefangene Bratensoße rühren.

Der mit Minze aromatisierte Bratensud stammt aus dem Minze-Katalog der Gärtnerei Geißmayer im süddeutschen Illertissen (nicht weit von Ulm), in dem über 50 Minzesorten aufgeführt sind.

→ Der richtige Erntezeitpunkt für Minzeblätter ist, wenn sich die ersten Blüten in ihren Ähren öffnen, immer morgens, wenn die Blätter vom Nachttau abgetrocknet sind. Dreimal im Jahr kann eine Staude abgeerntet werden.

Bavaroise mit Zitronenverbene

EIN REZEPT VON VIKTORIA VON DEM BUSSCHE

Creme
2-mal ¼ Liter Sahne
1 EL Rohrzucker
1 Tütchen Gelatine
2 große Handvoll Zitronenverbene

Gelee
Pfirsiche, am besten Weinbergpfirsiche
Cointreau

1 Die frischen Verbenenblätter mit Rohrzucker in einem Viertelliter Sahne sieden lassen, bis eine dicke Creme entsteht. Es darf ein bisschen blubbern, aber nicht kochen. »Im Topf muss es lächeln«, so Viktoria von dem Bussche. Ein Bild, das sie von der pommerschen Köchin ihrer Schwiegermutter übernommen hat.
2 Die Blätter mithilfe eines Siebes aus der Sahnecreme entfernen, dabei nachdrücken, aber nicht die Blätter zerreiben, was die Creme bitter machen würde.
3 In einem kleinen Topf Gelatine mit so wenig Wasser wie möglich auflösen und warm in die Creme rühren.
4 Zwei Drittel vom zweiten Becher Sahne sehr steif schlagen und unter die Creme heben, sobald sie anfängt einzudicken.

Dazu ein mit etwas Cointreau aromatisiertes Kompott aus Weinbergpfirsichen, Wasser, Früchten, Zucker, fertig.

→ Die Bavaroise muss schaumig sein. Wenn das nicht gelingt, »ist der ganz Zauber flöten«, sagt Viktoria von dem Bussche.

Pesto von dreierlei Basilikum und Walnuss

EIN REZEPT VON RALF HIENER

2 EL Walnusskerne
12 EL fruchtiges Olivenöl
Pfeffer (schwarz oder weiß) aus der Mühle
Salz
(beides nach Geschmack)
1 Handvoll Zimtbasilikum
1 Handvoll Genoveser Basilikum
1 Handvoll Roter Basilikum

1 Walnüsse mit Pfeffer, Salz und 6 EL Öl am besten in einer Moulinette zerhäckseln.
2 Blätter vom Genoveser und Zimtbasilikum abzupfen, grob zusammenschneiden, dazugeben und ebenfalls zerhäckseln. Nochmals 6 EL Öl hinzufügen.
3 Abgezupfte Blätter des Roten Basilikums in sehr feine Streifen schneiden und für das bessere Bild zum Schluss ins Pesto rühren.

Frisch zubereitetes Pesto hält sich, wenn sauber gearbeitet wurde, einen Monat. Die Haltbarkeit erhöht sich um einen Monat, wenn alle Zutaten vor der Zubereitung gut gekühlt aus dem Kühlschrank kommen.
Noch länger hält sich Pesto, wenn man die verarbeitete Menge Salz erhöht und/oder mit Zitronensaft abschmeckt. Das lässt sich wieder ausgleichen, wenn man das Pesto bei Gebrauch mit Öl streckt.

Kombinationen
Basilikum, Petersilie, Kerbel, Minze, Bärlauch eignen sich für ein gutes Pesto. Ungeeignet sind Rosmarin und Thymian, sie schmecken zu kräftig.
Anstelle von Walnüssen können auch Haselnüsse oder die allerdings teuren Pinienkerne genommen werden.
Käse (Parmesan) kann untergemischt werden (mehr als 5 Prozent auf die Gesamtmenge sollten es nicht sein), kann aber ebenso gut auf das Gericht gehobelt werden.
Der Käse muss aus der Rezeptur weggelassen werden, wenn das Pesto auf Vorrat gefertigt wird Eiweißstrukturen schränken die Haltbarkeit ein.

→ Die Kräuterpaste schmeckt nicht nur zu Nudeln. Sie lässt sich auf Brot streichen, unter ein Risotto oder Kartoffelpüree heben, sie würzt eine Gemüsesuppe und Gemüse vom Grill.

Salbeiblätter in Bierteig

EIN REZEPT VON KARIN GÖTZ

75 g Mehl
150 ml Bier
Salbei, große Blätter oder Triebspitzen mit etwa 4 Blättchen
1 Eiweiß
1 gestrichener TL Salz
250 ml Olivenöl

1 Mehl in eine Schüssel sieben und eine Prise Salz untermischen. Unter ständigem Rühren mit dem Schneebesen das Bier langsam dazugießen, es dürfen keine Klümpchen entstehen, bis ein dickflüssiger Brei entsteht. Die Schüssel mit einem Tuch bedecken und eine halbe Stunde ruhen lassen.
2 Währenddessen die Salbeiblätter waschen und gut trockentupfen.
3 Das Eiweiß mit einer Prise Salz sehr steif schlagen und unter den Bierteig heben.
4 In einem möglichst engen Topf das Öl erhitzen (es sollte 2 bis 3 cm hoch stehen), die Salbeiblätter einzeln durch den Teig ziehen und in siedendem Öl goldgelb ausbacken, dabei einmal wenden.
5 Auf Küchenkrepp gut abtropfen lassen und auf einer vorgewärmten Platte in der Röhre warm halten, bis alle Zweige fertig sind.

→ Zu gegrilltem Sommerfleisch, zu Käse oder Wurst.

Sauerampfersuppe

EIN REZEPT VON KARIN GÖTZ

2 Schalotten
2 EL Butter
1 gehäufter EL Mehl
750 g Gemüsebrühe
2 bis 3 Dutzend Sauerampferblätter (nach Größe)
250 ml Créme fraîche
Salz
Pfeffer
Muskat
Weißbrotwürfel

1 Schalotten schälen, fein hacken und einige Minuten in der zerlassenen Butter andünsten.
2 Mehl darüberstreuen, etwas anziehen lassen und mit kochender Brühe ablöschen.
3 Mit Salz, Pfeffer und Muskatnuss würzen, 20 Minuten zugedeckt leise köcheln lassen.
4 Währenddessen den Sauerampfer waschen und trockenschleudern, einige Blättchen zum Dekorieren beiseitelegen.
5 Den Rest in feine Streifen schneiden, zur Brühe geben und kurz aufkochen lassen.
6 Suppe durch ein Sieb streichen oder im Mixer pürieren.
7 Erneut zum Kochen bringen. Crème fraîche zugeben.
8 Vor dem Anrichten in feine Streifen geschnittene Sauerampferblättchen darüberstreuen und nach Belieben mit in Butter gerösteten Weißbrotwürfeln servieren.

Grüne Soße

LANDKÜCHE

2 Eier
1 EL Senf
2 EL Weinessig oder Zitronensaft
5 EL Öl
Prise Salz
Pfeffer
Zucker

50 g Philadelphia
180 g Crème fraîche
oder Vollmilchjoghurt
Saure Sahne

2 Schalotten, eventuell

Sieben Kräuter
Borretsch
Sauerampfer
Petersilie
Schnittlauch
Kresse
Kerbel
Pimpinelle

1 Eier hart kochen, trennen. Eigelb durch ein Sieb streichen. Eiweiß klein hacken.
2 Eigelbpüree mit Senf und Essig glatt rühren, Öl langsam dazugeben (tropfenweise beginnen). Mit Salz, Pfeffer und Zucker abschmecken. Frischkäse und Créme fraîche (oder Joghurt und saure Sahne) einrühren.
3 Schalotten fein würfeln, zusammen mit dem Eiweiß unterheben.
4 Kräuter von den Stängeln zupfen, klein hacken und in die Soße rühren. Nochmals abschmecken und kalt stellen.

→ Dazu harte Eier und, frisch aus dem Garten gegraben und gekocht, Pellkartoffeln.

Sommersalat

Gemüse aus Spargelsalat mit Blütenöl und einer Creme aus Spargelsalatblättern

EIN REZEPT VON RALF HIENER

4 Stangen Spargelsalat

Creme
1 Handvoll zarte Spargelsalatblätter von der Spitze
1 Stängel Peruanischen Sauerklee (*Oxalis peruviana*) oder Sauerampfer
3 gehäufte EL Joghurt
1 gehäuften EL Schmand
1 TL Kapern
Salz
Pfeffer aus der Mühle
1 EL Olivenöl

Blütenöl
Bronzefenchelöl
Blüten von Minze, Stockmalve, Phlox, Alant, Oregano, Fenchel

1 Stangen von Blättern befreien, schälen, mit einem feuchten Handtuch bedeckt zur Seite stellen.
2 Für die Creme: Alle Blätter klein, jedoch nicht zu klein schneiden, in einen Messbecher geben und mit dem Joghurt, Schmand, den Kapern, Öl, Salz und Pfeffer gut vermischen und dann pürieren; im Kühlschrank ruhen lassen. Die Creme kann gut einen Tag zuvor bereitet werden.
3 Für das Blütenöl: Allen Blüten die Blütenblätter abzupfen und nur diese fein schneiden (Chiffonade), mit Bronzefenchelöl versetzen, sodass die Chiffonade schwimmt, mit Hibiskusblütensalz würzen.
4 Spargelsalatstangen bei hoher Hitze grillen, bis sie leicht glasig, aber noch knackig sind. Mit Öl und Creme anrichten, sofort essen.

Der Sauerklee, *Oxalis peruviana*, schmeckt auch über Salat gestreut oder zu Fischgerichten. Er ersetzt Zitrone.

Es gibt viele essbare Blüten. Manche von ihnen sind nur für das Auge schön. Zu ihnen gehören Stockmalve, Phlox und Alant. Tatsächlich einen eigenen Geschmack haben Eisbegonien (sauer), Duftrosen, Basilikum, Fenchel, Erbsen (nach Erbse), Fenchel, Salbei, Kapuzinerkresse (scharf) und Schnittlauch (mitunter sehr scharf).

SPARGELSALAT oder auch Stangensalat gehört noch zu den seltenen Nutzpflanzen, ein sogenanntes Stängelgemüse. Es wächst auf jedem normal guten Gartenland.

Warmer Salat von Roten Rübchen und Himbeeren

EIN REZEPT VON RALF HIENER

12 junge Rote Rüben oder Mairüben
1 Schalotte
80 ml Himbeeressig
120 ml Walnussöl
1 kleine Schale Himbeeren
100 g Walnusskerne
8 Halme Schnittlauch
1 kleiner Becher Schmand
Salz, Zucker
Pfeffer, weiß, aus der Mühle
Evtl. etwas Honig

1 Die Rübchen waschen, schälen und auf einer Reibe (Mandoline) in sehr dünne Scheiben hobeln, zuckern, salzen, mit der in feine Würfel geschnittenen Schalotte und Essig vermengen und an einem warmen Ort etwa eine Stunde marinieren.

2 In einen Topf geben und leicht erhitzen, vom Herd nehmen und das Öl unterrühren. Nochmals abschmecken und nach Belieben Essig zugeben. Ist es zu sauer geworden mit Honig ausgleichen. Erst jetzt die Himbeeren beigeben, locker mit den Rübchen vermengen und pfeffern.

3 Schnittlauch in feinste Röllchen schneiden, mit Schmand verrühren und abschmecken. Walnüsse in einer trockenen Pfanne rösten.

Den Salat warm auf anrichten und mit den Walnusskernen garnieren. Schnittlauch-Schmand separat servieren.

→ Dazu passt geröstetes Brot und wer mag, geräuchertes Forellenfilet oder Forellenkaviar.

Chicorée-Salat

1 oder 2 Chicorée
1 Orange
1 Apfel
Öl
Zitrone
Zucker

1 Blätter des Chicorées reinigen und in schmale Streifen schneiden.

2 Orangen schälen und die einzelnen Stücke klein schneiden. Beides vermengen.

3 Aus Öl, Zitronensaft und Zucker die Soße bereiten und über den Salat geben.

Chicorée ist, so erkannte die Schweizer Spezialistin für Kulinarisches, Alice Vollenweider, eine Art »natürliches Fertiggemüse«. Er ist schon mundgerecht portioniert und sauber, wenn man die äußeren Blätter entfernt hat. Man sollte ihn weder waschen – an den trockenen Blätter haftet Soße besser – noch speziell zuschneiden. Wer mag, viertelt oder halbiert sie. Tatsächlich bringt man sich um ein Vergnügen, wenn man diesen Salat in schmale Ringe schneidet, statt die frischen kühlen Halbschalen mit dem hellgelben Wellenrand knackend zu zerbeißen. Dazu reicht eine Soße aus Joghurt, Öl, Salz und Zitronensaft, vielleicht ein bisschen Ahornsirup.

Andererseits vermengt sich klein geschnitten der einmalig herb bittere Geschmack des Chicorées mit dem süßen von Orange oder Apfel und man hat ein Mittelding zwischen Obst- und Gemüsesalat. Für Kinder ist das vielleicht der Einsteigersalat zu diesem praktischen Gemüse.

Gebratene Taglilienblüten und Blattgemüse zu Pasta

EIN REZEPT VON ANDREA HELLMICH

Etwa 20 große Taglilienknospen; sind sie klein, müssen es mehr werden
Olivenöl

Zwei Handvoll Blätter aus dem Garten, zum Beispiel: Wilden Italienischen Rucola, Chinesische Gemüsemalve, Baumspinat, Am Choi Red Giant, Rosenmalve, Rote Melde, Salat 'Sanguine Amelioré' und Crisp Mint, Hirschhornwegerich

Blätter und Blüten
2 Zweige Französischen Majoran
1 Zweig Anisysop
Zimmerknoblauch (oder Gartenknoblauch)
Kapuzinerkresse

Mozzarella
Salz

Pasta
400 g Mehl
½ TL Salz
4 Eier
1 EL Öl

1 Pasta bereiten. Mehl mit Salz mischen und zu einem Hügel auf der Arbeitsplatte schütten. In die Mitte eine Mulde machen, Eier und Öl hineingeben. Dann von außen immer wieder Mehl in die Mulde arbeiten, bis ein fester Teig entsteht. Lange kneten, bis er geschmeidig ist und leicht glänzt. 30 Minuten ruhen lassen.
2 Die Blätter der Kräuter von den Zweigen zupfen, große mit dem Messer klein hacken. Blüten vom Anisysop in Stücke zupfen. Zimmerknoblauch- und Kapuzinerkresseblüten beiseitelegen.
3 Pasta kochen. Teig ausrollen, in feine Streifen schneiden und in kochendes Salzwasser geben.
4 Taglilienknospen scharf in heißem Olivenöl anbraten, bis sie sich leicht öffnen. Salzen.
5 Blattgemüse bei Bedarf grob zerreißen.
6 Kräuter, Pfeffer, Salz, Öl und Essig zu einem Dressing rühren.
7 Pasta, Blattgemüse, Mozzarella und Dressing in eine Schüssel geben.
8 Blüten von Zimmerknoblauch und Kapuzinerkresse und die gebratenen Taglilienknospen dazugeben. Sofort verspeisen.

Die Wahl der Salatblätter kann variieren. Wichtig ist, dass mild und würzig gemischt wird. Nur mild schmeckt langweilig, nur scharf zu streng. Zimmerknoblauch hat wunderhübsche würzige Blüten. Insgesamt schmeckt er sanfter als klassischer Knoblauch. Er ist, der Name sagt es, nicht winterfest.

Grundsätzlich sind alle Taglilienknospen essbar, doch nicht alle schmecken gleich gut, manche sind recht zäh, wie Andrea Hellmich beim Probieren herausgefunden hat. In Asien werden *Hemerocallis fulva*, *H. minor* und *H. citrina* gegessen, und es sind auch diese Arten, die am besten schmecken.

Salat aus gegrilltem Gemüse und Brot

EIN REZEPT VON RALF HIENER

Feuerbohnen,
Stangenbohnen,
Möhre,
Petersilienwurzel,
Runkelrübe,
Runde Zucchini,
Kohlrabi,
Kartoffel, Gurke

Brot

Salz
Pfeffer aus der Mühle
Zitrone

1 Gemüse in gut einen halben Zentimeter dicke Scheiben schneiden, in einer geölten Schüssel schwenken und weich, aber noch bissfest grillen, nochmals in der geölten Schüssel schwenken und dabei leicht salzen.
2 Feuerbohnen im Ganzen grillen, für das Anrichten auspalen.
3 Brot erst von einer Seite auf dem Grill rösten, zur Seite legen und auf der anderen Seite rösten, wenn das Gemüse fertig ist. In nicht zu kleine Stücke zerbrechen.
4 Gemüse und Brot in einer flachen Schale oder auf einer Platte aufschichten, den Saft von einer Zitrone darangeben, mit Salz und Pfeffer abschmecken.

Tomaten

Leichte gebackene Tomatensuppe mit Safran

NACH EINEM REZEPT VON ANNIE SOMMERVILLE

1 l Gemüsefond
250 g gewürfelte Tomaten

1 kg Tomaten oder
1 Weckglas Tomaten
1 Knoblauchknolle

1 EL Olivenöl
1 Zwiebel, klein gewürfelt
¼ TL getrockneter Thymian
Salz
Pfeffer

1 Möhre
1 Selleriestängel
1 rote Paprikaschote
125 ml trockener Sherry

½ TL Salz
1 Prise Pfeffer
2 bis 3 Prisen Safranfäden
1 Lorbeerblatt

3 EL Petersilie
Parmesan

1 Einen Gemüsefond mit gewürfelten Tomaten zubereiten.
2 Knoblauchknolle mit Olivenöl bepinseln und in einer kleinen feuerfesten Form im auf 180 °C vorgeheizten Backofen 30 Minuten weich garen. Abkühlen lassen.
3 Währenddessen Tomaten blanchieren, häuten und entkernen.
4 Knoblauchknolle quer durchschneiden, auspressen und zusammen mit den Tomaten pürieren.
5 Öl in einer Pfanne erhitzen, Zwiebeln mit Thymian, Salz und Pfeffer bei mittlerer Hitze 5 Minuten dünsten.
6 Möhre, Sellerie, Paprika, alles gewürfelt, hinzugeben, weich dünsten und mit Sherry ablöschen. Flüssigkeit weitgehend reduzieren.
7 Tomaten-Knoblauch-püree, ½ TL Salz, 1 Prise Pfeffer, Safran und Lorbeer einrühren und mit dem Tomaten-Gemüsefond auffüllen.
8 Suppe 30 Minuten köcheln lassen, abschmecken, mit Petersilie und geriebenem Parmesan anrichten.

Diese leichte, dabei würzige Tomatensuppe gehört seit Jahren zu unserem Weihnachtsessen. Ihr Vorbild fanden wir in **»Das große grüne Kochbuch«** von **Annie Somerville,** die seit den 80er-Jahren in San Francisco das vegetarische Restaurant und Slow-Food-Projekt »Greens« betreibt.

LIEBESÄPFEL Paradeiser wurden in Europa als Zierpflanzen gezogen, bevor sie in die Gemüsebeete umquartiert wurden.

Tomatenauflauf mit Hühnchen

EIN REZEPT VON JENNIFER GEORGI

12 bis 14 Tomaten, rot, gelb, orange, groß, klein, fleischig, alle gemischt
1 Flocke Butter
2 TL Puderzucker
1 großes Bund Basilikum
2 bis 3 Becher Crème fraîche
Salz
Pfeffer
300 g Hühnerbrust
200 g Gruyère oder ähnlich herzhafter Bergkäse

1 Tomaten in Scheiben schneiden, grünen Strunk dabei heraustrennen. Die kleinen Cherry-Tomaten nur halbieren und in eine ausgebutterte Auflaufform schichten.
2 Mit 1 Teelöffel Puderzucker bestäuben, salzen und pfeffern.
3 Basilikum klein schneiden, mit Crème fraîche vermengen, salzen, pfeffern und ein wenig Puderzucker reinmischen, anschließend auf den Tomaten verteilen.
4 Fleisch scharf anbraten, salzen, pfeffern und auf der Crème-fraîche-Haube verteilen.
5 Gruyère über den Auflauf reiben.
6 Bei 180 bis 200 °C circa 30 Minuten backen, bis der Käse leicht gebräunt ist.

»Puderzucker verteilt sich leichter und lässt sich besser dosieren«, sagt Jennifer Georgi, meine Kollegin bei »A&W Architektur & Wohnen« und eine leidenschaftliche Hobbyköchin. Den Trick mit dem Staubzucker hat sie aus Tomaten-Ketchup-Rezepten abgeleitet, in denen er zum leichten Karamellisieren genutzt wird.

→ Dazu knuspriges Brot zum Aufdippen der entstandenen Soße.

Tomatensenf

EIN REZEPT VON MARLENE THEIS

2 kg reife (!) Tomaten
4 Zwiebeln
40 g Zucker
2 TL Salz
1 Prise Pfeffer
1 TL Paprikapulver
2 EL Essig-Essenz (25 %)
1 bis 2 EL mittelscharfen Senf

1 Tomaten in grobe Stücken schneiden, dabei den Stielansatz entfernen. Zwiebeln klein wiegen.
2 Tomaten, Zwiebeln und alle Zutaten bis auf den Senf 2 bis 3 Stunden köcheln lassen und dann durch ein feines Sieb (Flotte Lotte) streichen.
3 Nochmals so lange köcheln lassen, bis eine dickliche Masse entsteht, dann den Senf hinzufügen, abschmecken und heiß in Schraubgläser füllen. Hält sich zwei Wochen im Kühlschrank.

→ Lecker zu gegrilltem Fleisch oder gegrillten Kartoffeln.

Herbst

All das hatte einen wahnsinnigen Zauber für mich

Bernsteinfarbenes Kerzenlicht, schweres Kristall und dazu Pasteten, Sahnespeisen, seltene Gemüse und pralle Trauben: Die Vergangenheit hat auf Ippenburg noch viele lebendige Wurzeln. »Wenn man auf dem Schloss wohnt, leidet man oder macht es sich zum Erlebnis«, sagt Viktoria von dem Bussche. Sie hat sich einen grandiosen Küchengarten eingerichtet und pflegt die Vorzüge einer gediegenen Gutsküche.

DIE NASE JUCKT, was soll man da mit dreckigen Händen machen? Viktoria von dem Bussche ist Organisatorin von Gartenfesten mit Tausenden von Besuchern, ein Energiebündel und Familienmensch. Fünf Enkel sind schon da.

Sie rennt, Treppen hoch und runter. Hier ist ein Besucher, dort wartet ein anderer. Sie radelt vom Schloss zum Tor. Öffnet, weil ein Gast nicht den praktischen Nebeneingang gefunden hat. Sie rennt und radelt, weil auf Ippenburg nichts nah ist. Das Schloss hat 100 Zimmer, der Park ist 14 Hektar groß. Eine Landwirtschaft gehört dazu mit 330 Hektar Wald, 370 Hektar Acker für Getreide, Raps und Zuckerrüben. Und eine Schweinezucht. 600 Sauen und rund 16 000 Ferkel jährlich machen, dass es auf dem Schlossvorplatz mit Kiesrondell mitunter wie auf dem Bauernhof duftet.

Menschen kommen, eingeladen oder neugierig. Sie sollen oder sie wollen dabei sein, vielleicht im Herbst oder im nächsten Frühjahr. Saattüten liegen herum. Große Pläne sind auf dem Küchentisch ausgebreitet, übersät mit Notizen. Drei Handys liegen davor. Viktoria von dem Bussche, 59 Jahre alt, schnell, beweglich, zupackend wie wenige, die dreißig Jahre jünger sind, organisiert auf Schloss Ippenburg das erfolgreichste deutsche Gartenfestival »Gartenlust und Landvergnügen«.

Ippenburg, erbaut zwischen 1862 und 1867, ist ein bis ins Innerste erhaltenes historistisches Gebäude: gotisch mit einer deftigen Prise Renaissance und auch ein bisschen Barock. Von allem, was die Jahrhunderte hervorbrachten, das Schönste zusammenstellen, wie man in der geschichtsbewussten Epoche gern sagte. Also: Ecktürme, Treppengiebel, vielfarbig gefasstes Kreuzrippengewölbe, dazu ein aus schimmerndem schwarzem und weißem Marmor eingelegter Boden in der Vorhalle. Hölzerne Treppen mit zierlich gespindelten Balustern führen nach oben, in das Piano nobile, den vornehmen ersten Stock, mit übermannshohen schweren Eichentüren, Kristalllüstern, serienweise Tapisserien und Sammelporzellan, das in seinen Vitrinen schon klappert, wenn man sich ihnen auf den hölzernen Böden erst nähert.

Praktisch ist gut und was funktioniert, bleibt.

Wen wundert es, dass es in diesem Fabelschloss auch eine Märchenküche gibt. Sie ist mit schimmernden blau-weißen Delfter Fliesen wandhoch gekachelt, groß – und leer. Das war sie schon, als Viktoria von dem Bussche ihrem Mann nach Ippenburg folgte, der hier 1978 sein Erbe antrat. »Irgendjemand, Familiengeheimnis, wer das war«, hat die Küche in die alte Schlosskapelle verlegt, mit der Sakristei als Speisekammer. In die Mitte der Küche hat dieser jemand einen großen weißen Imperial-Herd gestellt. Sie übernimmt ihn, er wird ein Lieblingsstück. Und auch die Frankfurter Küche bleibt, das Vorbild aller Einbauküchen aus den 50er-Jahren, die aber nur, »weil sie funktionierte« und obwohl sie diese Systemmöbel scheußlich findet. Nur das Resopal hat sie abgerissen und die Flächen weiß gestrichen. Gleich nebenan liegt heute ihr Arbeitszimmer, kreuz und quer verbarrikadiert mit Regalen voller Gartenbücher. Sofa, Sessel, Arbeitstisch, der Computerplatz gleich vor dem Durchgang zur Küche: Kochen und

Gärtnern: Seit ihr viertes Kind das Haus verlassen hat, konzentriert sie sich auf diese Leidenschaften.

Der Garten verdient sich selbst.

»Wie mache ich es, dass sich mein Garten selbst verdient?« Sie wünschte ihn sich prächtig gestaltet und riesig, typisch für »meine kostspiele Neigung, alles im großen Stil zu machen. Doch für Gärtner findet sich im landwirtschaftlichen Haushalt kein finanzieller Posten.« Die Initialzündung kam auf einer Englandreise. Sie hatte sich gerade die Chelsea Flower Show angeschaut, da stößt sie in einer Zeitschrift auf einen Artikel, der von sympathischen kleineren Gartenfesten auf privaten Schlössern berichtete. »Das ist doch toll, hab' ich gedacht.« Den nächsten Aha-Effekt brachte Glyndebourne, ein Landsitz in Sussex, wo sie das berühmte Musik-Festival besuchte. »Ich wollte sehen, wie das so abläuft – und dann war da eine Stimmung, wie sie in Ippenburg herrscht.« Zwar würde Vergleichbares mit Musik nicht funktionieren. Sie wusste, »damit kann man sich gründlich ruinieren«. Aber ein Gartenfest, das ginge.

Danach brauchte es nicht mehr viel, und die sportliche Frau, die »immer erst loslegt und dann sortiert«, packte es an. 32 Aussteller kamen 1997. Im nächsten Jahr kopierten bereits zwei andere Veranstalter die Idee. Und sie? Sie lud den großen französischen Koch Gaston Lenôtre ein, das Gastmahl zur Eröffnung zu geben. Er hatte gerade ein Buch über eine kulinarische Gartenreise veröffentlicht, das sollte zu ihrem Festival gefeiert werden. Die grandiose Idee erwies sich als »fast eine Nummer zu groß für mich«. 170 Gäste, die meisten eingeladen. Gaston Lenôtre war nicht nur der freundliche Mann, sondern gleichzeitig ein ganzes Imperium: »Plötzlich war ich so richtig in deren Händen.« Aber der Erfolg war da. Die Zahl der Aussteller wuchs auf 100, dann 280. Heute sind es wieder 100 weniger. »Das ist besser für die

MÄRCHENSCHLOSS und das Zentrum einer profitablen Landwirtschaft. Schweine, Getreide, Holz gehören zu den Arbeitsfeldern auf Ippenburg. TAPISSERIEN nach Teniers d. J. erzählen von den vier Jahreszeiten. Deckenhohe Holzboiserien rahmen den Zyklus aus vier Geweben. Davor im Stil des 17. Jahrhunderts ein üppiges Küchen-Stillleben. ARTISCHOCKE 'Green Globe' und Beete voller Palmkohl, Rotkohl und sonniger Tagetes.

BLEICHE PASTINAKEN, roter Kohl, Kartoffeln, Zwiebeln, Beeren und Weinraute: das Potpourri fürs Titelbild.
CREMÉS BAVAROISE mit Zitronenverbene und einem dicken Kranz aus Pistazien. Rezept auf Seite 106.
TRAUBENGELEE aus Saft und Gelatine gekocht. Der Trick vom Stürzen: Die Schüssel kurz, wirklich kurz, in kochend heißes Wasser tauchen.
WILDBRATWURST in Rotkohlblätter gewickelt und gebraten. »Die Wurst stammt von einem neuseeländischen Koch aus der Nachbarschaft, der einen Jagdschein gemacht hat, um wirklich alle Rezepte vom Ursprung her zu entwickeln.«

Qualität.« Sie richtete Parkplätze ein für 4000 Autos, begann, temporäre Schaugärten anlegen zu lassen. Die Konkurrenz, Festivals allerorten, trieb sie an. Sie musste immer eine Naselänge voraus sein, Neues, Grandioses bieten. Ein phantastischer Küchengarten gehörte dazu. 2010 richtete sie ihn ein.

Zwei Fachleute entwerfen Beete, die nützen.

Peter Carl, ein Landschaftsarchitekt aus Hannover entwarf den Grundriss für die 3700 Quadratmeter große Anlage. Wusste Viktoria von dem Bussche, dass er – selten unter den Landschaftsarchitekten – selbst ein leidenschaftlicher Nutzgärtner ist, dass er seit seinem Studium vor 30 Jahren das Projekt Küchengarten mit sich trug? Und trotzdem bis heute nur den auf Ippenburg gestalten konnte. Der Grund: »So ein Garten macht Arbeit«, sagt Peter Carl, »die Menschen, die das Geld für einen Entwurf investieren können, müssten dafür die Zeit dafür aufbringen. Oder jemanden einstellen.« Wenige scheinen das tun zu wollen. Obwohl Garten Mode und das Selbstversorgen ein Trend ist, bleiben meisterhaft angelegte Küchengärten genauso so rar wie Privatbibliotheken, die auf Maß geschreinert sind.

Peter Carls Plan ist rational, übersichtlich, plausibel. Er stützt sich auf überliefertes Wissen. Die Hauptwege sind breit, die Beete reihenweise angeordnet und so schmal, dass man sie bequem bearbeiten kann. In die einfache serielle Struktur hat er »als gliedernde Momente« Buchenhecken derart platziert, dass sie als Paravents und auch Windschutz funktionieren. Dazu vier gepflasterte Sitzplätze, »weil man sich in Nutzgärten gern aufhält«, und vier längliche Wasserbecken, so wie man das »aus dem Süden kennt, wo in ihnen Regenwasser gesammelt wird«. Die Becken sind so breit wie die Beete und haben Kanten in Sitzhöhe. In ihnen wärmt sich das Wasser auf, gut für die Pflanzen, hier füllt man die Gießkannen. Ein einfaches nachhaltiges Prinzip. Zusammen mit Dietmar Münstermann von der Universität Osnabrück wurden die Pflanzpläne gemacht: Was kommt nach Norden, was nach Süden? Welche Pflanzen wandern mit dem Fruchtwechsel? Wo stehen die Dauerkulturen, der Rhabarber, die Gewürze und Beerensträucher? Fundiertes Wissen, klare Sache, einfache Regeln, vielleicht etwas streng.

Viktoria von dem Bussche zumindest hat es gern freundlich. Also umschmeichelt sie die sachliche Struktur an den Rändern mit Kapuzinerkresse, mit Süßkartoffeln, spielt mit Blumen zwischen den Gemüsereihen. Sie hält sich an Pittoreskes, das nützt, wählt Pflanzen mit essbaren Blüten oder solche, die wie Tagetes und Lupinen die Gesundheit des Bodens oder wie Ringelblumen das Wohlsein benachbarter Gemüse fördern. Ausnahmen sind Dahlien – »die braucht man einfach« und Wicken, die duften und ranken an den Artischocken.

Der Sternekoch erntet nur kleine Kartoffeln.

Doch, wer isst das alles? 3700 Quadratmeter Nutzgarten. Die machen nicht nur eine Menge Arbeit – »nur zu schaffen, weil ich eine Supertruppe von Leute habe« –, die bilden auch so etwas wie einen Organismus, in dem gesät, geerntet, wieder gesät wird. Der das ganze Jahr ständig in Bewegung ist und ohne Unterlass Nahrung produziert. Einen Teil verbrauchen die Angestellten. Doch den idealen Abnehmer hat Viktoria von dem Bussche im nahen Osnabrück gefunden: Thomas Bühner, ein Spitzenkoch, dem der Guide Michelin 2012 den dritten Stern verliehen hat, betreibt dort sein »La Vie« genanntes Restaurant. Eigentlich die klassische Win-win-Situation: » Er holt, ich muss nicht liefern. Er kann sagen, was er möchte, ich probiere es aus.«

Nur, dass Thomas Bühner gar keine Pflanzdirektiven vorgeben will. »Mir ginge da zu viel verloren«, sagt er, »ich würde lediglich anpflanzen lassen, was ich kenne.« Lieber folgt er Viktoria von dem Bussches Experimentiergeist. Zwei- bis dreimal in der Woche fahren seine Mitarbeiter in den Schlossgarten und ernten, was auf keinem Markt zu kaufen wäre. Zentimeterhohe Spitzen des Bronzefenchels, kleinfingergroße Blätter der Rote-Bete-Sorte 'Bulls blood', dazu Rüben, Kürbisse, Zucchinis in Babygröße.

Viktoria von dem Bussche beobachtet, was die Köche nehmen. »Salat interessiert die wenig.« Und versucht

DEN PARK IM VISIER.
Vom Familien-Esszimmer gleich neben der Küche geht der Blick auf die Hauptachse des 14 Hektar-Geländes (unten). An den Wänden alte Fotos einer Weltreise.
APPETITLICH UND FOTOGEN
Stangenbohne 'Blaue Hilde', die Rote Bete 'Bulls Blood', Palmkohl und Koriander 'Confetti'. Daneben Viktoria von dem Bussche, die für das Porträt still steht, aber viel lieber rennen würde – in den Park hinaus, zum Labyrinth oder zu ihrem Rosengarten.

ihnen entgegenzuarbeiten. »Die Kartoffeln setzen wir jetzt enger, weil die immer kleine wollen.« Sie schafft Französischen Estragon herbei, »aromatischer als der Russische oder Deutsche«, und pflanzt zehn Reihen 'Vitelotte', die französische Trüffelkartoffel.

Die pommersche Köchin bringt alle zum Schweigen.

Der Küchengarten ist nicht nur für die anderen da. Auch wenn Viktoria von dem Bussche sich lebhaft an die »grässlichen Säfte und Kompotte und diese Jahrgangsmarmeladen« aus ihrer Kindheit erinnert. Ein typisches »Teewurstkind« sei sie gewesen, liebte Fertigwurst, weil »selbst gemacht«, gab es immer. Auch wenn die Küche damals der Bereich war, in dem sie nichts zu suchen hatte und in den sie um nichts hinein wollte. »Draußen sein«, das war ihre Welt. Doch einmal in den Ferien in Frankreich bei einer Gastfamilie beobachtete sie, wie die Töchter in der Küche Salat wuschen. Das setzte sich in ihrem Kopf als etwas seltsam Anrührendes fest. Ebenso Jahre später ein Jagdessen auf Schloss Lütetsburg in Ostfriesland, da ist sie 21 Jahre alt. Die lange Tafel mit den Silberleuchtern, die silbernen Fruchtetageren und Kristallgläser, das bernsteinfarbene Kerzenlicht, dazu zwei Diener, die vorlegten, einer war Italiener, der andere Ostfriese und konnte nur Platt: »All das hatte einen wahnsinnigen Zauber für mich.«

Trotzdem waren »Spiegelei und Ketchup« alles, was sie kochen konnte, als sie heiratete. Essengehen wurde eines der liebsten Hobbys, die sie mit ihrem Mann teilt. Immer wenn etwas gespart oder übrig war, gingen sie aus. Auf Reisen locken sie noch heute vor allem die einfachen Restaurants, in denen sie herauszubringen versucht, »wo die ihre Rezepte herhaben«. Denn sie sucht das Original. Zum Haushalt der Schwiegereltern auf Ippenburg gehörte eine pommersche Köchin, die ihr imponierte. Sie hieß Helene Bußmann, hatte auf etlichen Gütern gearbeitet und leitete ihre Mannschaft wie ein Brigadechef. »Alle mussten still sein, wenn sie kochte.« Unter ihrer Regie entstanden Dinners mit zehn Gängen und mehr. Und »mit so galaktischen Dingen wie einem Sorbet von Roter Bete«.

Viktoria von dem Bussche stürzt sich ins Metier, wie das ihre Art ist. Sie isst, beobachtet, kocht nach, studiert und findet auf Ippenburg etliche Jahrgänge des Magazins »Die Herrschaftliche Küche. Zeitschrift für Feinschmecker und alle Gebiete der vornehmen Küche«. Sie macht sie zu ihrem Schatz. Ebenso wie den alten weißen Imperial-Herd in der Küche mit gußeiserner Platte und den hell geschrubbten, mächtigen Schlachttisch, der voller Schrunden und Kerben ist. Da kocht sie Borschtsch nach einem Rezept der pommerschen Köchin Helene Bußmann, »unglaublich elegant«. Bereitet Pastinakencreme aus viel Sahne und mit Krebsen, »Krebse sind in der Gutsküche immer dabei«, macht Gelee aus roten Trauben, obwohl: »Marmeladen koche ich eigentlich nicht«, und wandelt eine klassische Bavaroise, auch viel Sahne, mit Zitronenverbene ab. Der Garten ist die Quelle für Ideen. »Wen inspiriert schon eine Gefriertüte Erbsen?« Draußen zwischen den Beeten, »da bin ich wie so'n Hase. Ich gehe durch und esse alles.«

NÜTZLICH UND SCHÖN
Die Struktur im Küchengarten ist streng, das erleichtert die Arbeit. Irgendwann ist alles heruntergefroren, dann wird gefräst und gehäckselt.

MANGOLD, Artischocken, Koriander und Blüten: wunderbar anzusehen und lecker.

Chili zum Frühstück, zum Mittag, den ganzen Tag lang

In Indien, bei befreundeten Farmern, hat der Freiburger Gärtner Frank Fischer die wahre Chili-Küche kennengelernt. Sie stellt keine auf möglichst viel Schärfe ausgelegte Hardcore-Kost her, sondern wählt aus den Aromen der scharfen, fruchtigen und milden Schoten. Mit den Exemplaren seiner Chili-Kollektion hat der Hobbykoch unterschiedliche Verwendungsmöglichkeiten erprobt.

ERNTE DANK. »Ring of Fire« heißen die aufgefädelten und getrockneten Chilis aus dem letzten Jahr. Das obere Ende bilden ein paar 'Friars Head', so genannt nach der Form, die einer Kopfbedeckung ähnelt. Die gedörrten Chilis niemals in der Küche aufbewahren, rät Frank Fischer, dort schimmeln sie in den Essensdämpfen.

Nerinda und ihr Ehemann Satvinder Singh Athwal, kurz S. B. genannt, leben in Rajpur Chungi, einem Dorf, das heute zu Agra gehört. Der amerikanisch klingende Kurzname ist »typisch indisch«, sagt Frank Fischer, »viele Inder tragen lustige abgekürzte Namen«. Er ist Indien-Fan. Seit bald zwanzig Jahren macht er sich jährlich auf den langen Weg, fast genauso lange kennt er Nerinda und S. B. Sie betreiben eine kleine unabhängige Farm mit fünf Kühen und fünf Wasserbüffeln. Die Felder liegen rund ums Haus. Sie bauen hauptsächlich Weizen an und, auf einem lang gestreckten Beet, auch Chili, nur so viel, wie sie auf dem Markt verkaufen können und darüber hinaus für die Familie brauchen.

Inder brauchen viel Chili. Sie essen ihn zum Frühstück, eingerollt in ein mehrfach gefaltetes Fladenbrot namens Paratha. Sie essen ihn zu Mittag in den Currys (von tamilisch »khari« für »Soße«). Und zu jeder Gelegenheit als Snack, entweder frittiert in Kichererbsenteig oder eingelegt in einer Art Pickles. Die Angewohnheit hat einen Grund: »Chili«, so Frank Fischer, »fördert die Verdauung, alles Gegessene passiert den Körper schneller.« Was in sehr heißen Ländern, wo ohne Kühlschrank Bakterien schneller den Lebensmitteln zusetzen, nur gut für die Gesundheit ist. Trotzdem hat Nerinda im ersten Jahr darauf geachtet, dass ihr deutscher Gast nicht gleich zu viel von den scharfen Speisen bekommt und ihm bei den gemeinsamen Mahlzeiten die Chili-Menge rationiert. »Der Magen sollte sich erst gewöhnen.«

Ein Thali Reis, ein Gespräch, der Zufall

Indien, dieser »Kontinent mit den Kühen auf der Straße, mit den Religionen und der fremden Kultur«, hatte für Frank Fischer schon als Kind etwas Magisches. Sobald er konnte, fing er an, ihn zu bereisen, von A nach B, kreuz und quer durch das riesige Land. Eines Tages – ein Thali Reis, in einem Straßenrestaurant eingenommen, ein Gespräch, der Bekannte eines Bekannten – führte der Zufall den Deutschen zu Satvinder Singh Athwal und seiner Nerinda. Sie lehrte Frank Fischer, die ersten Gerichte mit Chili zuzubereiten: »Relativ einfache Speisen, niemals übermäßig scharf, sondern fein nach Geschmacksnuancen dosiert«, sagt er. Das klassische Saag zum Beispiel, ein Gericht aus Spinat oder jungen Senfblättern (*Brassica alba* oder *Brassica juncea*), die Nerinda kurz vor dem Kochen draußen vor der Tür auf dem Acker pflückt, dann klein hackt, mit Zwiebeln Knoblauch, Chili und noch einigen anderen Gewürzen andünstet und in viel Ghee (Butterschmalz) gart, bis die Blätter weich sind. Sie dickt den Blätterbrei mit Kichererbsenmehl an und würzt ihn ganz zum Schluss mit Senfkörnern, die sie über einer Flamme anröstet, bis sie aufpoppen.

Wehe, wenn die Mundwinkel zucken

Frank Fischer, der vor Jahren umsattelte und als zweiten Beruf Gärtner lernte, ist heute Chili- und Salbeiexperte mit eigenem Sortiment in der Gärtnerei Ewald Hügin in Freiburg. Natürlich gehört zu der

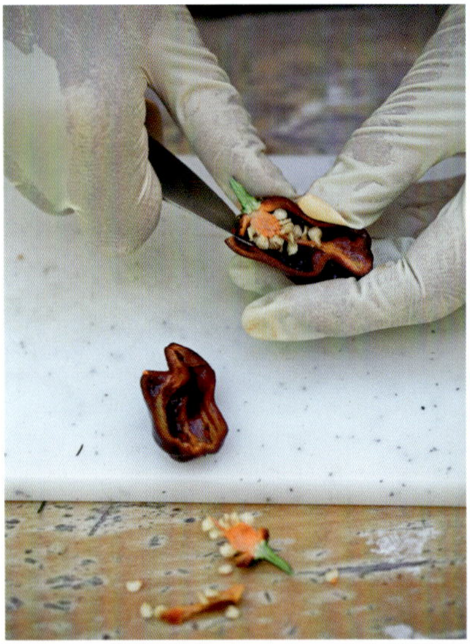

HÄRTETEST. Ab Schärfegrad 8 auf der Scoville-Skala zieht Frank Fischer Handschuhe an. Die Chili brennen umso mehr, je intensiver der Capsaicin-Gehalt wird. Im Glas Chili in Essig. Auf dem Block Majoran und Salbei für die Sahnesoße.

BUNTES CHILI-UNIVERSUM. Die langen unten links sind Cayenne-Sorten. Daneben eine vielfältig geformte Gruppe aus den *Capsicum annuum*-Arten. Und ganz außen rechts ein paar wilde *frutescens*-Sorten mit Namen 'Tepin'. Ganz oben neben der dunklen 'Hungarian Black' mit Blatt und Blüte eine *baccatum*-Gruppe aus gelb- und orangefarbenen Schoten.

Sammlung, die er anbietet, auch 'Bhut Jolokia', der schärfste Chili von allen. 2001 vom Westen entdeckt, sorgte er gleich für einen Riesenrummel. In der New Mexiko State University in Las Cruces stellten Wissenschaftler 2006 fest, dass dieser »Chili-Geist« (»Bhut« heißt »Geist« und »Jolokia« ist im Nordosten Indiens das Wort für »Chili«) die doppelte Menge an Schärfeeinheiten besitzt als der bisherige Rekordhalter 'Red Savina', nämlich über 1 Million Scoville. Das reizt eine bestimmte Szene unter jungen Leuten, die sich in Blogs und Chats austauschen. Sie kommen anschließend zu Frank Fischer in die Gärtnerei »und wollen ganz gezielt wissen, was ich denn so habe«. Geschmack oder Aroma interessiert sie nicht, sondern nur: Wer hält am meisten aus. Ich, du, und wehe, man zuckt auch nur mit dem Mundwinkel. Der ganze Spaß ist dann für viele, viele Zeugen auf YouTube im Netz zu sehen.

»Alles okay, solange es keinem schadet«, meint Frank Fischer, und »man muss schon aufpassen«. Sicher hat er es auch gern scharf, aber außerdem fruchtig oder süß oder rauchig und trocken, wie so etwa der klassische Tabasco schmeckt (*Capsicum frutescens*). »Fast jeder kauft sich am Anfang ein paar rote Schoten im Laden, würzt mit ein paar Schnitzen die Tomatensoße für die Pasta oder den Bohneneintopf. Wenn man dann anfängt, mit den Aromen zu spielen, wird das Kochen immer toller.«

Es gibt Chili-Sorten, die nicht scharf sind und die in jeden Salat Farbe bringen, wie 'Satans Kiss' (weniger gefährlich, als der Name klingt) oder 'NuMex Suave' (ein Habanero, nicht scharf, aber mit dem fruchtigen Aroma). Es gibt süßscharfe, die er gern zu Bratlingen verarbeitet, wie die aus Peru, Bolivien und Brasilien stammenden fleischig fruchtigen Ajis (meist *Capsicum baccatum),* Pasillas und Serranos, die er mit Bohnen als Basis zum Eintopf verarbeitet.

Die besten Chilis für den Haushalt

Das wunderbar Einfache an den Chilis ist für Frank Fischer, »dass man mit ihnen viele Gerichte peppen kann«. Die schon an sich nicht extrem scharfen Jalapenos (*Capsicum annuum*) erzeugen in einer Sahnesoße eine sanfte Schärfe. Zu Kartoffeln nimmt er Cayenne *(C. annuum)* und für Currys die in Indien viel angebaute 'Pusa Jwala' *(C. annuum),* aus denen das Chilipulver hergestellt wird. Aus den berühmten Habaneros *(C. chinense)* – »die alle sehr, sehr scharf sind, aber auch das fruchtigste Aroma haben« – bereitet er einen Sirup, mit dem er zum Beispiel sensationelle Muffins bäckt.

Scharf, früh reif und ertragreich

Seit etwa zehn Jahren baut Frank Fischer seine Chili-Kollektion systematisch auf. Achtet zum einen auf ein breites Spektrum botanischer Arten, auf Schönheit – »immer begehrt die dunkellaubige 'Orozco' – , und darauf, was Menschen, die mit Chilis kochen wollen, wirklich nützt: nämlich Sorten mit einem guten Ertrag, die früh reif werden und sich gut überwintern lassen. Das sind besonders die *Capsicum-baccatum*-Arten, die sich zu schönen großen Kübelpflanzen ziehen lassen.

Er empfiehlt 'Ring of Fire' eine alte Sorte mit roten langen Schoten – »sie ist ziemlich scharf, 8 auf der Skala, und garantiert eine gute Ernte« –, die dickfleischigere 'Santa Fee Grande' und die gelbe 'Lemon Drops', die bis lange in den Herbst hinein trägt und »sogar ein wenig Frost aushält«.

Auch bei den Habaneros haben sich in den langen Jahren, in denen er sie in der Küche ausprobiert, einige als besonders tauglich herausgestellt. Die gelbe 'Fatali' zum Beispiel ist sehr scharf, sehr aromatisch und garantiert »einen frühen Ertrag«. Was bei dieser Art von Chilis, die am spätesten von allen reif werden, besonders wichtig ist.

GUT FÜR DEN KÜBEL
Chilis gern in Kübel setzen, aber mit dem Umfang geizen, keinen allzu großen Topf nehmen. Und mit dem Wasser haushalten. Eher warten, bis sie »schlappen«, als sie zu feucht halten. Im Frühjahr so stark zurückschneiden, dass fast nur der Stamm bleibt.
PICO DE GALLO Ein Salsa-Gericht und ein Klassiker, der aus ganz unterschiedlich scharfen Chilis, Gurken und Zwiebeln zusammengesetzt wird. Rezept auf Seite 144.

Äpfel

Apfelmus mit Keks

FAMILIENREZEPT

Äpfel
schmackhaft von Augustapfel, Graurenette, eine gute Möglichkeit Fallobst zu verarbeiten
Zucker
Wasser

1 Äpfel schälen, Kerngehäuse entfernen, in nicht zu feine, eher grobe Schnitze zerteilen. Bei Fallobst nur das gesunde Fleisch nehmen. Den Topf nur zu zwei Dritteln füllen.
2 Eine minimale Menge Wasser zugeben. Sie soll gerade eben den Boden bedecken und dafür sorgen, dass die Äpfel nicht anbrennen, bevor beim Kochen ihr eigener Saft austritt. Zucker nach Geschmack und abgestimmt auf die Süße der Äpfel zugeben. Den Topf mit einem Deckel verschließen.
3 Den Herd auf mittlere Leistung (Stufe 6) stellen. Die Äpfel ohne jedes Rühren und bei geschlossenem Deckel garen, bis die obersten Stücke anfangen, mürbe zu werden. Man sieht das, sie verändern die Struktur zu etwas Biskuitartigem.
4 Topf vom Feuer nehmen, umrühren. Gelungen ist das Mus, wenn es nicht ganz zerkocht ist.

Ein leckeres und fast weißes Apfelmus erhält man von Augustäpfeln, auch Ähren- oder Kornapfel genannt. Das sind die ersten, meist hellgrünen Äpfel im Jahr. Sie sind sehr saftig und halten sich nur kurze Zeit. Das aus ihnen bereitete Apfelmus hat eine feine Säure. Frisch schmeckt es am besten, lässt sich aber auch einwecken. Dafür das Apfelmus etwas früher vom Feuer nehmen, in Weckgläser füllen und 25 Minuten zuwecken.

→ Ein paar mürbe Kekse dazu und der Fruchtbrei wird zu einem raffinierten Dessert, weil kross auf weich und säuerlich auf buttrig trifft.

Apfelklöße

FAMILIENREZEPT

4 Eier
500 g Mehl
250 ml Wasser
1 Prise Salz
2 bis 3 Äpfel

Butter
Zimt
Zucker

1 Die Eier aufschlagen, Mehl und Wasser portionsweise einrühren, mit Salz würzen.
2 Die Äpfel schälen, vom Kerngehäuse befreien, klein schneiden und unterrühren.
3 Den zähen Teig löffelweise (halber Esslöffel voll), in kochendes Wasser gleiten lassen, am besten, man schiebt mit einem Löffel nach. 10 Minuten sieden lassen. Die Klöße steigen auf und schwimmen. Gut ist, einen großen Topf zu wählen, denn das Wasser mit den Klößen schäumt stark.
4 Mit einer Schöpfkelle herausnehmen, auf einem Sieb kurz abtropfen lassen.

→ Mit geschmolzener Butter, Zimt und Zucker servieren.

Gedeckter Apfelkuchen

FAMILIENREZEPT

6 bis 8 Äpfel,
eine Springform soll
gut gefüllt werden
50 bis 100 g Zucker,
das hängt von der
Süße der Äpfel ab
1 Zitrone, Saft und Schale
100 g Rosinen

Mürbeteig
375 g Mehl
5 EL Milch oder Wasser
1 Ei
75 g Zucker
4 TL Päckchen Backpulver
Vanillemark
100 g Butter
Puderzucker

1 Äpfel schälen, Kerngehäuse entfernen, in große Stücke zerteilen.

2 Mit sehr wenig Wasser aufsetzen, gerade so viel, dass die Äpfel nicht anbrennen können. Zucker, Rosinen, reichlich Zitronenschale hinzugeben, bei mittlerer Hitze garen und abkühlen lassen. Die Rosinen sind wichtig, sie nehmen einen großen Teil des Apfelsafts auf.

3 Mürbeteig herstellen: Mehl zum Kegel in eine große flachen Schüssel schütten. In der Mitte eine flache Kuhle formen, in diese Zucker, Milch, zuletzt das Ei geben. Backpulver und die in kleine Schnitze geteilte Butter auf dem Rand verteilen. Zucker, Eigelb und Milch in der Mitte zu einem kleinen Brei verrühren. Am Rand das Mehl mit der Butter vermengen und beides von außen nach innen arbeitend mit der Zuckerbrei vermischen. Schließlich kneten. Aus dem Teig eine Kugel formen und ruhen lassen.

4 Eine Springform mit Backpapier auslegen. Aus einem guten Drittel des Teigs einen Boden formen und vorbacken. Kurz auskühlen lassen. Den Rand der Springform einfetten, aus einem knappen Drittel des Teigs die Kuchenkante formen. Die Apfelmasse einfüllen.

5 Den restlichen Teig ausrollen, einen Deckel ausschneiden und auflegen. Die überstehenden Enden der Kuchenkante mit dem Messer auf den Deckel umklappen und den sich ergebenden Wulst immer vom Rand weg zur Mitte dicht an dicht leicht einschneiden. Das verbindet Kante und Decke. Die Decke mit der Gabel mehrfach einstechen.

6 Im vorgeheizten Ofen bei 200 °C gute 30 Minuten backen. Noch warm mit Eigelb oder mit Zitronensaft angerührtem Puderzucker bestreichen.

Apfelsuppe mit Eiweißschwänen

FAMILIENREZEPT

1,5 l Wasser
1 kg oder
6 bis 8 Äpfel
Zucker nach Geschmack
50 g Rosinen
Schale von ½ Zitrone
1 halbe Zimtstange
3 Nelken
2 bis 3 EL Kartoffelstärke
1 Eiweiß
Puderzucker

1 Äpfel schälen, Kerngehäuse entfernen und in Stücke zerteilen.

2 Mit Wasser aufsetzen, Rosinen, Zitronenschale, Zucker, Nelken und Zimt hinzugeben und zu einem Kompott kochen.

3 Mit Kartoffelstärke leicht andicken und in eine ofenfeste Schüssel füllen.

4 Eiweiß mit etwas Puderzucker sehr steif schlagen. Vor dem Servieren daraus kleine Hauben auf das Kompott setzen, die Schüssel in den vorgewärmten Ofen stellen und herausnehmen, sobald die »Eiweißschwäne« sich hellbraun verfärben.

Die süßen, warmen Schwäne haben die Apfelsuppe zu einem meiner liebsten Kindheitsgerichte gemacht – vielleicht weil immer etwas aus Hans Christian Andersens Märchen von den Wilden Schwänen und von dem Häßlichen Entlein dabei war, wenn sie auf den Tisch kam.

→ Statt Eiweißschwäne Zwieback zur Suppe geben und einen Klecks rotes Johannisbeergelee.

Tarte Tatin

NATIONALGERICHT

Man benötigt:
1 Tarte-Tatin-Form oder einfache Quicheform von 20 cm Durchmesser. Die Form muss nach unten geschlossen sein. Eine Springform funktioniert nicht, der Apfelsaft läuft in den Ofen.

5 EL Zucker
1 kg Apfel
Saft von 1 Zitrone
5 EL Zucker
30 g Zucker
30 g Butterflöckchen

Mürbeteig
Die Zutaten reichen für die dreifache Menge an benötigtem Teig. Was übrig bleibt, lässt sich gut einfrieren.
150 g Mehl
2 EL Zucker
2 EL Milch oder Wasser
2 EL Öl
1 Eigelb
100 g Butter

1 Mürbeteig bereiten: Mehl in eine große flache Schüssel schütten. In der Mitte eine flache Kuhle formen, in diese Zucker, Milch, Öl, zuletzt das Eigelb hineingeben. Die Butter in kleinen Schnitzen auf dem Rand verteilen. Zucker und die anderen Zutaten in der Mitte verrühren. Am Rand das Mehl mit der Butter vermengen und beides von außen nach innen arbeitend mit der Zuckermasse vermischen. Schließlich kneten. Und ruhen lassen. (Der Kuchen gelingt auch, wenn der Teig sofort verarbeitet wird.)
2 Äpfel schälen, Kerngehäuse entfernen, in flache Schnitze schneiden, mit Zitronensaft beträufeln.
3 Die Form mit Butter ausstreichen, reichlich 5 EL Zucker auf den Boden der Form streuen und im vorgeheizten Ofen nach Sicht gleichmäßig goldbraun werden lassen. Der karamellisierte Zucker soll nicht zu dunkel (bitter) werden.
4 Apfelschnitze auf die flüssige Karamellschicht in der Form legen. Den restlichen Zucker und Butterflöckchen darüber verteilen und mit dem flach ausgerollten und kreisförmig zugeschnittenen Mürbeteig zudecken. Der Deckel soll einen Tick kleiner sein als die Form, also an den Rändern nicht direkt anschließen. Mit einer Gabel einige Löcher hineinstechen, durch die Feuchtigkeit entweichen kann.
5 Etwa 20 Minuten bei 220 °C backen, bis der Teig goldgelb ist. Kuchen auf einen Teller stürzen oder in der Form servieren.

→ Dazu angeschlagene Schlagsahne reichen.

Himmel und Erde (Stampfkartoffeln und Apfelmus)

LANDKÜCHE

800 g mehligkochende Kartoffeln
1 TL Salz
400 g säuerliche Äpfel
2 EL Zucker
125 g durchwachsenen Speck
2 große Zwiebeln
Salz, Pfeffer

4 Bratwürste
Spiegelei
Blutwurst

1 Die geschälten Kartoffeln vierteln oder halbieren und bei schwacher Hitze kochen.
2 Äpfel schälen, vierteln, vom Kerngehäuse befreien, in dünne Scheiben schneiden und mit etwas Wasser und Zucker 15 Minuten dünsten, bis sie zerfallen.
3 Kartoffeln mit dem Kartoffelstampfer zerstampfen. Die Äpfel mit dem Kochsud darunterheben.
4 Speck würfeln und ausbraten.
5 Zwiebeln schälen, in Ringe schneiden, im Fett des Specks hellbraun braten und den Kartoffel-Apfel-Brei damit anrichten.

→ Deftig mit Bratwust, Spiegelei oder Blutwurst, die in dicke Scheiben geschnitten und ausgebraten wird. Ein Glas Buttermilch macht das Gericht landfein.

Die Äpfel sind der Himmel, die Kartoffeln sind die Erde: Das kräftige, typisch norddeutsche Gericht kommt auf den Tisch, sobald es im August die ersten hellgrünen Äpfel gibt.

APFELERNTE
Reif sind die Früchte, wenn sie sich mit einem leichten Knick vom Stängel lösen.

Birnen

Birnen, Bohnen und Speck

LANDKÜCHE

Man benötigt einen 10-l-Topf

500 g Grüne Bohnen
Salz
200 g geräucherten Bauchspeck
12 Pellkartoffeln vom Vortag
3 bis 4 Zweige Bohnenkraut
500 ml Fleischbrühe
6 kleine feste Birnen
1 Bund Petersilie

DIE BESTEN BIRNEN HÄNGEN OBEN und bleiben das Geschenk für Wotans Schimmel, denn Birnen wachsen zu Riesenbäumen heran. Schön als Hofbaum und Schattenspender.

1 Bohnen putzen, in mundgerechte Stücke teilen und in Salzwasser bissfest garen. Abtropfen lassen.
2 Speck in Streifen schneiden. Kartoffeln pellen und halbieren.
3 Speck bei mittlerer Hitze (Stufe 5) langsam auslassen, bis er kross wird. Bohnen, Kartoffeln und klein gezupftes Bohnenkraut dazugeben, 10 Minuten anschwitzen, dann mit Brühe auffüllen und bei schwacher Hitze 10 Minuten ziehen lassen.
4 Birnen waschen, vierteln, Kerngehäuse entfernen, in den Eintopf geben und weitere 10 Minuten simmern lassen.
5 Wenn die Birnen weich sind, alles nochmals abschmecken und mit gehackter Petersilie bestreuen.

Das Rezept stammt, mit leichten Veränderungen, aus **Meinolf Hammerschmidts** Buch **»Birnen und Quitten in Schleswig-Holstein«**. Der Gärtnermeister betreibt in Winderatt/Sörup, hoch oben, fast an der dänischen Grenze, eine auf alte Obstsorten spezialisierte Baumschule und hat über Jahre bei den Landfrauen Rezepte gesammelt. Birnen, Bohnen und Speck ist das wohl berühmteste Birnenrezept Norddeutschlands, wobei Kochhistoriker aus Hamburg oder Schleswig-Holstein es jeweils für ihr Bundesland reklamieren. Wichtiger zu wissen ist, welche Birnen sich gut für das Gericht eignen? Bergamotten, antwortet Meinolf Hammerschmidt, dazu gehören die 'Gute Graue', die 'Grisbirne' und die 'Frühe aus Trevoux'.

Da auch dieser Eintopf so richtig gut erst am zweiten Tag schmeckt, dann aber grau und farblos aussieht, könnte man, so Dusko Fiedler, die Zubereitung zweiteilen. Am Vortag Speck auslassen, Kartoffeln dazugeben, anschwitzen, mit Brühe auffüllen und bei schwacher Hitze ziehen lassen. Die Birnen dazugeben. Die Bohnen jedoch erst am zweiten Tag garen.

Birnenauflauf mit Speck

LANDKÜCHE

Teig
1 Vanilleschote
150 g Zucker
100 g Butter
3 Eier
200 g Mehl
55 g Mondamin
1 TL Backpulver
Schale von ½ Zitrone
1 Prise Salz
3 EL Milch

200 g Frühstücksspeck
1 kg Birnen
'Gute Louise von Avrances'
1 Zimtstange

Kompott
500 g Birnen
'Gute Louise von Avrances'
2 EL Zitronensaft
Schale von ½ Zitrone
1 Zimtstange
5 g Mondamin

1 Um den Teig zu bereiten, Vanillemark aus der Schote mit dem Zucker mischen, dann mit den Eiern und der Butter schaumig rühren.
2 Mehl, Backpulver, Mondamin, abgeriebene Zitronenschale und Salz mischen und unterrühren, Milch dazugeben. Den Teig zur Seite stellen.
3 Speck in einer backofenfesten Form glasig dünsten.
4 Birnen schälen, halbieren, das Kerngehäuse herausschneiden und 1 kg der Früchte über den Speck schichten.
5 Teig darüberfüllen, den restlichen Speck oben auflegen.
6 Im Backofen bei 200 °C circa 45 Minuten backen.
7 Restliche Birnen schälen und in Würfel schneiden, mit dem Zimt, dem Zitronensaft, dem restlichen Zucker und der Zitronenschale circa 10 Minuten kochen.
8 Die Hälfte der Birnen passieren. 5 g Mondamin anrühren, alles zum Kompott geben und nochmals aufkochen.
9 Kompott zum Auflauf servieren.

Eingesammelt ist dieses Rezept in den **»Potsdamer Pomologischen Geschichten«**, einer liebevoll gestalteten Reihe bibliophiler Bücher, die den Obstbäumen gewidmet ist, die in Potsdam zur Zeit Friedrichs des Großen und danach wuchsen. In den kleinen Pappbänden geht es um die Kulturgeschichte der Pflanzen, um Rezepte, um prominente Namen und viel zu wenig bekannte, große Gärtner. Neben der **»Beste Birne bei Hofe«** gibt es »Kirschen für den König«, »Äpfel für das Volk« und noch einige famose Titel mehr.

Birnen und Teig

LANDKÜCHE

1,5 kg Birnenhälften
100 g Butter
75 g Zucker
3 Eier
200 g Mehl
1 Päckchen Backpulver
1 Zitrone, Saft und Schale
125 g Frühstücksspeck

1 Birnen schälen, in Hälften schneiden, garen und abtropfen lassen. Den Saft auffangen.
2 Butter, Zucker und Eier schaumig schlagen, dann Mehl, Backpulver und abgeriebene Zitronenschale dazugeben und einen Teig bereiten.
3 Mit einer Hälfte des Teigs eine gebutterte Auflaufform auslegen.
4 Die gut abgetropften Birnenhälften auf den Teig auslegen (einige für eine Soße übrig lassen), den restlichen Teig darüberstreichen und mit den Streifen des Frühstückspecks belegen.
5 Bei 200 °C gut 1 Stunde im Ofen backen.
6 Den Birnen- mit dem Zitronensaft aufkochen, mit Stärke binden und übrig gebliebene Birnen klein gehackt zugeben. Diese Soße zu dem Birnenkuchen geben.

Das Rezept stammt aus einer privaten Sammlung von Rezepten der Kröppelshagener Landfrauen.

Pflaumen

Pflaumenkuchen vom Blech

FAMILIENREZEPT

Zwetschgen, etwa für ein Backblech
Zucker

Hefeteig
1/4 l Milch
500 g Mehl
30 g frische Hefe
60 g Butter
60 g Zucker
1 TL Salz
2 Eier, kann man auch weglassen

1 Milch erwärmen (lauwarm). Mehl in eine Rührschüssel geben, in die Mitte eine Mulde drücken, Hefe hineinbröseln und mit der lauwarmen Milch übergießen. Den kleinen See aus Milch so lange mit einer Gabel (oder den Fingern) umrühren, bis sich die Hefe aufgelöst hat. Diesen »Ansatz« vom Rand mit Mehl bestäuben. Schüssel mit einem Tuch bedecken, an einen warmen Ort stellen und den Teig gehen lassen, bis sich in der Mehlschicht über dem Ansatz Risse zeigen.

2 Butter zerlassen, mit Zucker, Eiern und Salz vermischen, zum Vorteig (Ansatz) geben, mit diesem gut vermischen, dann das Mehl hineinarbeiten. Teig kneten, bis er glänzt und sich vom Schüsselrand löst. Das Ganze mit einem Tuch bedecken und den Teig an einem warmen Ort gehen lassen, bis er doppelt so groß ist wie zuvor.

3 Teig wieder kräftig durchkneten und auf dem Backblech ausbreiten.

4 Unterdessen Zwetschgen entsteinen, dabei über die Naht aufschneiden und den Stein heraustrennen. Nicht durchschneiden, am besten lassen sich die Früchte auf den Teig legen, wenn die beiden Hälften noch aneinanderhängen.

5 Die Zwetschgen fast aufrecht in den Teig stecken, Reihe für Reihe, als ob man ein Dach decken wollte. Mit Zucker bestreuen und, mit einem Tuch bedeckt, eine halbe Stunden ruhen lassen, dann bei 200 °C 15 bis 20 Minuten im vorgeheizten Ofen backen.

Für den Pflaumenkuchen eignen sich nur die einfachen Hauszwetschgen. Sie haben das richtige würzige Aroma, sind zudem trockener und fester als die sogenannten Edelpflaumen.

Pflaumenmus-Torte

EIN REZEPT VON INGETRAUD SCHMIDT-BOHLENS

Biskuitteig
100 g Zucker
1 Päckchen Vanillezucker
5 Eier
2 Eigelb
150 g Mehl
1 TL Backpulver

Baisermasse
3 Eiweiß
100 g Zucker

Füllung
600 g Pflaumenmus
3/4 L Sahne
3 EL Zucker

1 Zucker und Vanillezucker mit dem Eigelb schaumig rühren, dann vorsichtig das mit dem Backpulver vermischte Mehl unterziehen. Den Teig in eine mit Backpapier ausgelegte Springform füllen und glatt streichen.
2 Eiweiß mit dem Mixer steif schlagen und bei laufendem Rührwerk den Zucker einrieseln lassen.
3 Die Baisermasse klecksweise auf dem Teig geben, sanft verteilen und bei 180 °C etwa 35 Minuten backen.
4 Nach dem Abkühlen den Boden einmal waagerecht durchschneiden.
5 Das Mus auf dem unteren Boden verteilen. Sahne steif schlagen, zuckern und auf dem Mus verteilen.
6 Den oberen Biskuit-Baiser-Boden in 12 Stücke teilen und auf die Sahne legen.

Varianten
Als Füllung lassen sich ebenso gut Stachelbeeren oder Kirschen nehmen. Beeren dafür zu einem Kompott kochen und mit etwas Stärke binden.

Zwetschgenkompott mit Pavlova

EIN REZEPT VON BRIGITTE WACHSMUTH

Zwetschgen
Zucker

dazu aus der Nationalküche die
Pavlova
4 Eiweiß
280 g Zucker
1 Päckchen Vanillezucker
1 TL Apfelessig
1 TL Speisestärke
200 g Sahne

1 Zwetschgen für 1 Minute in kochendes Wasser geben. Das Wasser abgießen. Die Zwetschgen häuten und halbieren, dabei den Stein entfernen.
2 Zwetschgenhälften ohne Wasser in einen weiten Topf geben und andünsten. Den Vorgang ständig beobachten, damit die Früchte nicht zerfallen. Vorsichtig rühren. Abschließend Zucker dazugeben. Er soll schmelzen, darf aber keinen Saft ziehen. Die Menge hängt vom Reifegrad der Zwetschgen und vom persönlichen Geschmack ab.

→ Lecker als Füllung in einem Omelett oder statt frischer Erdbeeren oder Blaubeeren auf einer Pavlova, jenem berühmten Dessert, das zu Ehren der Primaballerina Anna Pavlova in den zwanziger Jahren zubereitet wurde.

1 Eiweiß schlagen, bis es beginnt, dick zu werden, dann Zucker und Vanillezucker langsam einrieseln lassen.
2 Wenn der Eischnee so fest ist, dass ein Messerschnitt darin als Spur stehen bleibt, Speisestärke und Apfelessig vorsichtig unterheben. Die Baisermasse soll fest und glänzend sein.
3 Backbleck mit Backpapier auslegen, darauf aus der Baisermasse einen flachen Kreis formen, den Rand leicht erhöht. Auf der mittleren Schiene bei 100 (!) °C 60 Minuten im zuvor (!) auf 180 °C vorgeheizten Ofen backen.
4 Den Ofen ausschalten und die Pavlova bei geschlossener Tür auskühlen lassen. Vor dem Servieren Sahne (ohne Zucker, das Baiser ist süß genug) schlagen und auf die Pavlova geben.

Bohnen

Weißes Bohnenpüree mit Tomaten-Zucchini-Gemüse und gebratenen Himbeeren

EIN REZEPT VON DUSKO FIEDLER

500 g Bohnen
1 TL Essigessenz (25 %)
1 Lorbeerblatt
1 Mokkalöffel kräftige Gewürzmischung (Seite 51)
2 EL Öl

Gemüse
5 mittelgroße Tomaten
2 Zucchini, circa 400 g
2 EL Öl
Essigessenz (25 %)
1 Mokkalöffel kräftige Gewürzmischung (Seite 51)

1 Bohnen ohne Salz 8 bis 10 Stunden einweichen (in gesalzenem Wasser dauert es ungleich länger, denn die durch Salz ausgelöste Osmose verzögert, dass Bohnen Wasser aufnehmen). Dafür an Wasser die doppelte Menge des Bohnengewichts nehmen, bei circa 500 g wäre das 1 Liter.
2 Bohnen mit dem Einweichwasser aufsetzen, dieses eventuell ergänzen, es soll gut zwei Fingerbreit über den Körnern stehen. Essigessenz und den Lorbeer dazugeben und weich kochen. Weiter quellen lassen.
3 Wenn alles Wasser aufgenommen ist, die weichen Bohnen sehr fein häckseln oder cuttern. Danach Gewürze und Salz hinzufügen, zum Schluss mit Olivenöl abschmecken.

1 Tomatenfleisch vorbereiten: Früchte blanchieren, häuten, vierteln, Kerngehäuse entfernen und zur Seite stellen.
2 Von den Zucchini mit einem Sparschäler Schale in langen Streifen schälen und separat aufbewahren. Die Zucchini in daumendicke Spalten schneiden, in der sehr heißen Pfanne anbraten, die Pfanne sollte nicht mehr als halbvoll sein, Öl dazugeben, warten, bis sich der unterste Saum der Gemüsestücke leicht bräunt.
3 Nun die Zucchinischalen 30 Sekunden mitbraten. Mit 1 Spritzer Essigessenz ablöschen.
4 Tomatenfleisch dazugeben und einschwenken.
5 Würzen.
6 Zum Schluss die Zucchini-Schale mitbraten und auf dem Bohnenpüree anrichten.

→ Dazu passen Polenta, Kartoffelpüree oder Pellkartoffeln, dann in dünne Streifen geschnittene Blattpetersilie, gebratene Himbeeren (nur ganz kurz in der heißen Pfanne »anticken«, so dass sie eben warm sind, alternativ oder zusätzlich Stachelbeeren), frisch gepulte und in der trockenen, heißen Pfanne geröstete Erdnüsse und eine Zitronen-Vinaigrette (siehe Seite 29).

DELIKATESSEN, DIE SELTEN ZU KAUFEN SIND
Leuchtend gelb ist die fleischig, fadenlose und ertragreiche 'Neckargold'.
'BERNER LANDFRAUEN' mit lilablau gesprenkelten Schoten gehört zu den traditionellen Schweizer Sorten, sie reift spät und hat einen kräftigen Geschmack.
MÖBBELE nennt Ewald Hügin die kleinschotige Bohne mit den sichtbaren Körnern. Der Freiburger Gärtner hat sie vor Jahren von einem Landpfarrer bekommen und vermehrt sie selbst. Für ihn ist sie die leckerste Bohne von allen.

Chili-Bohnen-Eintopf

EIN REZEPT VON EMMI STÜSSI-REIMERS

500 g Nierenbohnen (oder Nieren- und Wachtelbohnen gemischt)

1 bis 2 EL Olivenöl
1 Zwiebel
3 bis 4 Knoblauchzehen
800 g Rinderhack

2 TL Thymian
2 TL Oregano
2 Lorbeerblätter
2 bis 3 kleine frische oder getrocknete Chili (hacken oder zerkrümeln), wer es schärfer mag, nimmt noch mehr
3 TL gemahlenen Kreuzkümmel
1 TL edelsüßer Paprika
½ TL scharfer Paprika
½ TL gemahlener Ingwer
½ TL gemahlener Koriander
½ TL gemahlene Kurkuma

500 g Tomaten
1 große Zucchini
1 große Aubergine
1 rote Paprika
Öl
1 Cabanossi

1 Bohnen über Nacht in kaltem Wasser (ohne Salz!) einweichen. Am nächsten Tag das Wasser abgießen, die Bohnen mit frischem Wasser aufsetzen (sodass sie zu ⅔ von Wasser bedeckt sind) und in circa 60 Minuten weich kochen.

2 Zwiebeln zusammen mit dem Knoblauch im Öl glasig schmoren, das Hack hinzufügen und kräftig anbraten. Salzen und peffern und die Gewürze dazugeben, noch mal kräftig braten, die Gewürze gewinnen dadurch.

3 Alles mit 500 g blanchierten und gehäuteten Tomaten ablöschen, aufkochen und zu den Bohnen geben.

4 Gemüse in etwa 5 mm große Würfel schneiden, in Öl kräftig anbraten, salzen und pfeffern und zum Eintopf geben.

5 Röststoffe in der Pfanne mit Wasser lösen und ebenfalls in den Eintopf geben.

6 Wenn alles schön köchelt, eine Cabanossi fein in Scheiben geschnitten dazugeben, weiter köcheln. Kurz vor dem Servieren noch einmal mit Salz und Pfeffer abschmecken.

Bohnen-Salat

LANDKÜCHE

200 g Käferbohnen oder Feuerbohnen
1 Speckschwarte
Kümmel

Marinade
8 EL Rapsöl
6 EL Essig, wenn möglich Bier-Essig
Meerrettich
1 rote Zwiebel
Salz
Pfeffer
Schnittlauch

1 Die Bohnen über Nacht einweichen (kein Salz ins Wasser tun!), mit Speck und Kümmel in reichlich Wasser gar kochen. Wasser abgießen (ein Viertel auffangen und zur Seite stellen). Bohnen mit warmem frischem Wasser abspülen und in eine weite Schüssel füllen.

2 Marinade herstellen: Etwas Bohnen-Kochwasser, Essig, Öl und 1 TL frisch geriebenen Meerrettich vermengen, bis sie sich verbinden – probieren! –, und über die warmen Bohnen geben.

3 Zwiebeln in Ringe schneiden, ebenfalls marinieren.

4 Bohnen und Zwiebeln in einzelnen kleinen Schüsseln anrichten, frischen Meerrettich reiben und mit gehacktem Schnittlauch darüberstreuen.

→ Passt zu Käse oder Wurst, einem Glas Bier oder Wein.

Wachsbohnen-Salat

LANDKÜCHE

1 Kilo Wachsbohnen
250 ml Wasser
1 EL Salz

Marinade
1 Zwiebel
1/8 L Essig
2 TL Pfeffer
2 EL Zucker

3 EL Rapsöl

1 Die Bohnen putzen, waschen und in mundgerechte Stücke schneiden.
2 Wasser mit Salz zum Kochen bringen und die Bohnen darin circa 15 Minuten gar ziehen.
3 Die gewürfelte Zwiebel, Essig, Pfeffer und Zucker zu den Bohnen geben und alles miteinander abkühlen lassen.
4 Die Hälfte der Marinade abgießen, das Rapsöl unterrühren und mit Zucker und Salz abschmecken.

Geschichte

Wachsbohnen-Salat gehört in Kröppelshagen zum heimischen Küchenschatz. Jede der Landfrauen (Seite 9ff.) hat eine eigene Zubereitungsweise. Ilse Borchers kocht zum Beispiel die Bohnen circa 20 Minuten lang – »Ich mag das nicht, wenn das Gemüse halb gar ist« –, gießt das Bohnenwasser ab, kocht es mit Essig, Zucker, Salz und Pfeffer auf, schmeckt ab, sodass es »auf keinen Fall so sauer ist«, kocht kurz die klein geschnittenen Zwiebeln mit auf und gibt die Bohnen wieder dazu. Annegret Burmeister kocht die Bohnen (ohne Salz). In einer Extraschale löst sie etwas Zucker in Essig auf, verdünnt das mit Wasser (»damit der Essiggeschmack nicht zu intensiv wird«), gibt Würfel von zwei klein geschnittenen Zwiebeln dazu und schwenkt die Bohnen in dem Ganzen. Dann wird gesalzen und gepfeffert. Sie verwendet das Kochwasser der Bohnen nicht. Der Grund: Das Gemüse wird verträglicher, einige der bohnentypischen Ballaststoffe, die unser Körper nicht abbaut, werden so ausgeschwemmt. Andererseits, wer regelmäßig Bohnen isst, so die Expertin **Ulla Grall** in ihrem **»Bohnen vom Garten in die Küche«** (Pala Verlag), gewöhnt seinen Körper daran. Sie weist auf Bohnensorten hin, die weniger blähend sind, wie 'Jacob's Cattle-Gasless' oder die chilenischen 'Manteca-Bohnen'.

Überbackene Bohnen

EIN REZEPT VON PELLEGRINO ARTUSI

500 g Bohnen
Salz
100 ml Sahne
1 Eigelb
5 frische Minzeblätter

1 Bohnen in Salzwasser kochen, abtropfen lassen und in eine backofenfeste Form legen.
2 Sahne cremig schlagen, Eigelb unterheben.
3 Creme auf die Bohnen geben und das Ganze im vorgeheizten Ofen bei 180 bis 200 °C 20 Minuten überbacken.
4 Minze hacken und vor dem Anrichten über die Speise geben.

Pellegrino Artusi (1820 – 1911) war ein Seidenhändler und Genießer, als Schriftsteller und Koch ein Amateur. Auf Reisen durch Italien sammelte er, wie die Brüder Grimm in Deutschland Märchen, Rezepte in allen Regionen ein, ließ sie von seinen Köchen nachkochen und nahm sie, wenn sie ihm gefielen, hier und da mit Anekdorten gewürzt in seine **»Wissenschaft des Kochens und Kunst des Genießens«** auf. 1891, mit 71 Jahren, veröffentlichte er sein Buch auf eigene Kosten. Heute gilt es nicht nur als der große Klassiker der italienischen Kochkunst, sondern als ein wichtiger Beitrag zur Einigung Italiens, denn Artusi schaffte, was dem Risorgimento, der Vereinigungsbewegung Italiens, bis dahin nicht gelungen war, er schwor das genießende und kochende Italien auf eine Sprechart ein.

Chili

Pico de Gallo, eine Salsa

EIN REZEPT VON FRANK FISCHER

4 Chilischoten, nach Geschmack süßer oder schärfer, zum Beispiel wie hier ausgewählt:
1 lange süße rote Cubanelle 'Elephant's Trunk'
(wird viel in Italien und der Türkei verwendet)
1 'Hungarian Black'
1 'Santa Fee Grande'
1 'Mulato'

1 kleine rote Zwiebel
2 Tomaten
und eventuell 2 bis 3 gelbe Cocktailtomaten
2 TL Limonensaft
2 TL Olivenöl
Salz, Pfeffer
1 kleine Handvoll frische Korianderblätter
2 Stängel Thai-Basilikum 'Siam Queen' oder 'Medinette'

1 Zwiebel hacken, Tomaten würfeln, Chilis entkernen und in Würfel, Blöcke oder Streifen schneiden.
2 Olivenöl und Limonensaft mischen, mit Salz und Pfeffer abschmecken. Das Gemenge über die Gemüse geben und alles circa 20 Minuten ziehen lassen.
3 Kräuter hacken (nicht zu fein) und über die Speise streuen.

Ein mexikanischer Klassiker, dessen Name übersetzt so etwas Ähnliches wie »Hahnenschnabel« heißt, vielleicht eine Anspielung auf den Grad der Schärfe, den sich der Koch aussucht und die auf der Zunge pikt. An Chilis wählt man, was der Garten hergibt. Ob scharf oder mild und süß, alles ist gut. Thai-Basilikum gehört zwar nicht ins Original-Rezept, verleiht, wenn vorhanden, dem kleinen Salat aber »einen herrlich würzigen Anis-Geschmack«, so Frank Fischer.

Chili in Öl

EIN REZEPT VON DUSKO FIEDLER

125 g Chili
1 Prise Salz
Sonnenblumenöl zum Aufgießen

1 Chili reinigen, Kerne und Scheidewände entfernen, anschließend pürieren. Damit das gelingt, muss die Küchenmaschine papierdünne Messer haben und bei hoher Rotation laufen.
2 Chilipüree in der heißen Pfanne (Teflon!) ohne Öl bei ständigem Rühren (Chili brennt leicht an) und bei kleiner Hitze 5 Minuten anschwitzen, salzen.
3 In ein Schraubglas geben und mit Öl aufgießen.

Chilipüree nur mit absolut sauberen Löffeln oder Messern aus dem Glas nehmen und sorgfältig mit Öl bedeckt halten (lieber etwas mehr als nötig nehmen). Es hält, im Kühlschrank aufbewahrt, circa 4 Wochen.

→ Gut, um Gemüsepürees, Suppen oder auch Kuchen zu würzen.

Chili-Marmelade

EIN REZEPT VON SARAH RAVEN

500 g Tomatenfleisch
4 Knoblauchzehen
4 große rote Chili
7 cm Ingwerwurzel
300 g Rohrzucker
2 EL Thai-Fisch-Soße
100 ml roten Weinessig

1 Tomaten heiß überbrühen, Schale abziehen, filetieren und würfeln, Chilis putzen und in Streifen schneiden, Knoblauchzehen schälen, Ingwer häckseln.
2 Die Hälfte der Tomatenwürfel zur Seite stellen. Alles Übrige mixen, zum Kochen bringen, anschließend etwa 30 bis 40 Minuten köcheln, bis die Konsistenz marmeladenartig ist.
3 Zurückgestellte Tomatenwürfel hinzufügen und kurz mitkochen.
4 Wie Marmelade heiß in Gläser füllen und verschließen.

Wir haben dieses supereinfache und sichere Rezept bei der großartigen **Sarah Raven** gefunden. Die Engländerin ist 1996 durch ein Buch über ihren Schnittblumengarten berühmt geworden, hat 2007 ein preisgekröntes **»Garden Cookbook«** veröffentlicht und unterhält in Perch Hill nicht weit von Great Dixter, East Sussex, einen Küchengarten, wo sie Koch- und Gartenkurse abhält. Sarah Raven ist mit Adam Nicolson, dem Autor und Enkel von Vita Sackville-West verheiratet. Ihr Chili-Jam schmeckt zu geröstetem Brot, Fleisch, Fischbouletten, Käse und was man sich noch so denken kann.

Chili-Muffins

EIN REZEPT VON FRANK FISCHER

210 g Mehl
60 g Zucker
3 TL Backpulver oder Weinsteinpulver
150 ml Sojamilch (Milch oder Orangensaft)
1 Prise Salz
2 EL Öl
1 Ei (oder ein Brei aus 1 EL Sojavollfett und 2 EL Wasser)
1 TL Chili-Sirup (siehe Seite 192)
Früchte nach Geschmack, zum Beispiel Erdbeeren, Rhabarber

1 Mehl, Zucker und Backpulver vermengen.
2 Milch, Salz und Öl separat vermischen.
3 Beides behutsam zusammenfügen. Eher unterheben, auf keinen Fall schnell rühren, schon gar nicht mit dem Rührgerät.
4 Vorsichtig das Ei (oder den Ersatzbrei aus Sojavollfett und Wasser) und den Chili-Sirup unterziehen.
5 Eventuell Früchte beifügen.
6 In Muffinförmchen füllen und 20 Minuten bei 120 °C backen. Die Teigmenge reicht für ein 12er-Muffinblech.

DÖRRFRÜCHTE halten die Schärfe lange. Zerbröselt über Pasta, Spiegelei, Spinat, helfen sie Chili-Süchtigen über die Zeit ohne frische Schoten.

Gurken

Gurkensalat mit Dill und saurer Sahne

FAMILIENREZEPT

400 g kleine, feste Gartengurken, sogenannte Frühstücksgurken
2 Schalotten oder junge Zwiebeln
3 Stängel Dill
120 g saure Sahne
1 EL Zitronensaft
1 TL Senf
Salz, Pfeffer
Zucker

1 Gurken schälen (oder nicht), nach Belieben die Kerne entfernen, halbieren, würfeln oder in Scheiben schneiden und in eine Schüssel geben.
2 Schalotten würfeln. Dillspitzen abzupfen.
3 Saure Sahne mit Dill, Schalotten und Zitronensaft verrühren, mit Senf, Salz, Pfeffer und Zucker abschmecken und die Soße über die Gurken geben. Vielleicht etwas Zucker zugeben.

Salat aus Gurken und Bohnen

EIN REZEPT VON KARIN GÖTZ

Erste zarte, grüne Buschbohnen
1 Gurke
Bohnenkraut
Weißer Balsamico-Essig
Olivenöl extra vergine
Salz
Pfeffer

1 Bohnen in mundgerechte Stücke schneiden, in knapp 10 Minuten bissfest kochen, mit kaltem Wasser abschrecken und abtropfen lassen.
2 Inzwischen die Gurke schälen und hobeln, das Bohnenkraut fein hacken.
3 Alles in einer Schüssel vermischen, mit Salz, Pfeffer, Essig und Öl anmachen.

Variante
Gurken mit Fenchel kombinieren, die Vinaigrette aus Orangen-, Zitronensaft und Öl herstellen.

Kalte Gurkensuppe

FAMILIENREZEPT

2 mittelgroße Gartengurken
½ Tasse Mineralwasser
1 ½ Tassen Buttermilch, etwa 300 ml
1 TL Salz
Pfeffer
3 Stängel Kerbel
2 Stängel Dill
1 Stängel Minze
2 EL Zitronensaft
1 TL Zucker
Kerbel- oder MInzeblätter zum Verzieren

1 Gurken schälen, längs aufschneiden, Kerne entfernen, in Stücke schneiden, pürieren und in eine Schüssel füllen.
2 Kräuter hacken (Dill und Minze ohne Stängel) und mit den restlichen Zutaten in die Suppe rühren.
3 Suppe 1 Stunde im Kühlschrank ziehen lassen. Aufschlagen, abschmecken, auffüllen und mit Kerbelblättchen garnieren.

Kürbis

Kürbis im Kürbis, gefüllte Kürbisblüten

EIN REZEPT VON RALF HIENER

8 Kürbisblüten,
männliche und weibliche,
an denen sich schon
kleine Kürbisse bilden

300 g Hokkaido-Kürbis
einige Sellerieblätter
etwas Oregano
1 EL abgetropften Quark,
gut gehäuft

1 Scheibe Toastbrot
Muskat
Pfeffer
Salz
Öl
eventuell etwas Hartkäse

einige Stängel Schnittlauch
Kürbiskernöl

1 Die Blüten zum spätestmöglichen Zeitpunkt vor dem Zubereiten pflücken.

2 Für die Füllung Kürbis in Scheiben schneiden, grillen, bis sie weich sind, dann mit Schale klein hacken.

3 Drei Blätter vom Selleriekraut und Oregano häckseln und dazugeben, ebenso den Quark und alles mischen.

4 Toastbrot ohne Rinde in sehr feine Miniwürfel schneiden. Dazu am besten mit einem sehr scharfen Messer die Scheibe erst quer in zwei dünnere Scheiben auftrennen, dann würfeln. Geriebenen Käse, Salz, Muskatnuss, Pfeffer drangeben.

5 Zuletzt den in kleine Röllchen geschnittenen Schnittlauch hinzufügen. Alles gut vermengen.

6 Mit einem einfachen Spritzbeutel, am leichtesten ohne Tülle, in die vorsichtig aufgehaltenen Blüten pressen (geht am besten zu zweit). Blüten zudrehen.

7 Zum Grillen Alufolie auf das Rost legen, Öl und Salz daraufgeben und die gefüllten Blüten darin vorsichtig wälzen und unter wiederholtem Wenden grillen, bis sie leicht gebräunt sind, durchsichtig werden und beginnen zusammenzufallen. Vor dem Verzehr ein paar Spritzer Kürbiskernöl darangeben.

→ Dazu kleine Kürbisse im Ganzen gegrillt oder aufgeschnitten und in gepfeffertem Öl gewendet und gegrillt.

Die Masse zum Füllen lässt sich gut einen Tag früher vorbereiten und im Kühlschrank aufbewahren. In diesem Fall das Salz weglassen und erst vorm Zubereiten hinzufügen.

SOMMERKÜRBISSE ernten, sobald der Blütenansatz welkt und auch früher. Sie tragen reich und entfalten gegrillt ein einfaches süßes Aroma.

KÜRBIS ist eine Riesenbeere, die geerntet wird, wenn das Kraut abgestorben ist, manchmal nach dem ersten leichten Frost.

Kürbis süß-sauer eingelegt

EIN REZEPT VON DUSKO FIEDLER

Kürbisfleisch

Gewürzsud

3 EL Essigessenz (25 %)
auf 1 l Wasser
150 bis 200 g Zucker
1 TL weiße Pfefferkörner
5 Pimentkörner
2 Wacholderkörner
1 EL Senfsamen
3 Nelken
2 Lorbeer-Blätter
1 cm Zimtstange

1 Kürbis schälen, in 4 mal 4 cm große Stücke schneiden und roh in die Gläser füllen.
2 Aus Wasser, Zucker und Essigessenz den Sud bereiten. Harte Gewürze, das sind Weißer Pfeffer, Piment, Wacholder, Senfsamen und die angestoßenen Nelken anbraten, dann mit dem Zimt und den Wacholderblättern gut 1 Stunde im Sud auskochen. Mit Salz abschmecken.
3 Sud abseihen – nur der reine Sud wird zu den Kürbissen ins Glas gegeben – und abschmecken. Das Aroma soll komplex sein, das heißt, man riecht den Essig leicht, schmeckt beim Probieren die Süße, zugleich eine angenehme Säure und die Gewürze.
4 Sud aufgießen, sodass er zwei Fingerbreit unter dem Glasrand steht, Gläser verschließen und 40 bis 50 Minuten im Wasserbad im Backofen bei 160 °C einwecken.

Varianten

Die Gewürzmischung für den Sud kann durch Fenchelsamen (1 TL für 1 l Wasser) und/oder Korianderkörner (1 TL) ergänzt werden.
Etwas zusätzliche Schärfe bringen dünne Ingwerscheiben, die ebenfalls im Sud mit ausgekocht werden können.

Paprika-Kürbis

EIN REZEPT VON DUSKO FIEDLER

600 g Kürbisfleisch
Salz
Öl
1 TL edelsüßer Paprika

100 ml Béchamel
(Seite 37)
oder Schmand
1 TL Zitronensaft
Zitronenzesten und
Kapern nach Geschmack

1 Kürbisfleisch auf einer Mandoline (ein Gemüsehobel) in dünne Streifen hobeln, salzen und zwei Stunden ruhen lassen. Danach auf ein Sieb setzen und eine gute halbe Stunde abtropfen lassen.
2 Die Kürbisstreifen in die sehr heiße Pfanne (Teflon) geben, warten, bis es »zwitschert«, etwa 1 EL Öl dazugeben und scharf anbraten, dann paprizieren. Das heißt, die Pfanne zur Seite nehmen, den Paprika zufügen und einmal umrühren. Das Paprikapulver darf nicht braten, dabei wird es bitter.
3 Paprizierte Kürbisstreifen aus der Pfanne nehmen, zur Seite stellen.
4 Mit Zitronensaft und Zitronenzesten gewürzte Béchamel in der Pfanne aufkochen.
5 Den Kürbis wieder hinzufügen. Kurz (gerade mal 30 Sekunden) beides so lange zusammen garen, bis es sich verbindet. Am Schluss die Kapern beifügen.

→ Dazu Tomatengemüse, Pellkartoffeln und Kräuterquark oder grüne Kartoffelklöße.

Porree

Porreekuchen

FAMILIENREZEPT

Teig
250 g Mehl
125 g Butter
Salz, Zucker, je 1 Prise
1 EL Wasser
etwas Butter

Belag
300 g Speck, durchwachsen
100 g Butter
1,5 kg Porree
3 EL Mehl
¼ l süße Sahne
4 Eier
Pfeffer, Salz, Muskat

1 Mehl, Butter, Salz, Zucker und Wasser zu einem Teig kneten, ruhen lassen, dann Boden und Ränder einer mit Butter ausgestrichenen Springform damit auslegen.
2 In einem Topf den für die Füllung gewürfelten Speck in Butter auslassen.
3 Porree in feine Ringe schneiden, dazugeben und dünsten, bis er Farbe bekommt. Mit Mehl bestäuben und umrühren.
4 Die Porree-Speck-Menge auf den Teig geben und den Kuchen im vorgeheizten Ofen (180 °C) 15 Minuten vorbacken.
5 Sahne, Eier und Gewürze verquirlen, auf den vorgebackenen Kuchen geben und diesen weitere 20 Minuten backen.

Eine deftige und würzige Variante des Zwiebelkuchens. Das Rezept haben wir wohl Dutzende Male und für Feste gebacken.

→ Dazu gebratene und mit Minze gewürzte Wassermelone, gebratene Johannisbeeren oder Salsa von Erdbeeren und Rhabarber. Ebenfalls lecker geröstete Walnüsse und Berberitzen.

Vichyssoise, eine kalte Suppe aus Porree

KLASSIKER

3 Porreestangen
1 große Zwiebel
4 Kartoffeln
Butter
1 l Geflügelbouillon
¼ l Sahne
Weißer Pfeffer
Schnittlauch

1 Porree putzen, Zwiebel klein schneiden. Kartoffeln schälen und würfeln.
2 Zwiebeln und Porree in Butter anbraten.
3 Bouillon aufgießen.
4 Kartoffel dazugeben und 20 Minuten kochen.
5 Alles im Mixer pürieren, Sahne hinzugeben, mit Pfeffer würzen und kalt stellen.
6 Vor dem Servieren mit gehacktem Schnittlauch bestreuen, vielleicht auch ein, zwei Blüten oder Knospen dazugeben. Aber Vorsicht, die sind sehr scharf.

Erfinder der Crème vichyssoise glacée, wie er sie nannte, war **Louis Felix Diat** (1885 – 1957), 41 Jahre lang bewunderter Chefkoch im New Yorker Ritz-Carlton. Er entwickelte die Vichyssoise aus einem Rezept seiner Mutter, als er auf der Suche nach einer kalten Sommersuppe für die Speisekarte des Luxushotels war. Bestandteile seiner Experimente waren Porree, Zwiebeln, Kartoffeln, Butter, Milch, Sahne und einige Kräuter. Die Suppe gehörte schnell, sommers wie winters, zum Standard in den Restaurants des Ritz.

Rote Bete

Rote-Bete-Ingwer-Gemüse mit Zucchini-Kartoffelpuffer und gebratener Birne

EIN REZEPT VON DUSKO FIEDLER

Gemüse
100 g Ingwer
1 l Apfelsaft
600 g Rote Bete
Mineralwasser
5 EL Balsamico-Essig
1 Mokkalöffel Chiliflocken
1 Mokkalöffel kräftige Gewürzmischung (Seite 51)
Frischer Meerrettich, pro Portion 1 TL

Puffer
1 kg Kartoffeln (ergibt 700 g geschälte)
1 Mokkalöffel Chili
1 TL kräftige Gewürzmischung (Seite 51)
2 EL Mehl oder Kartoffelstärke
Zesten von 1 Zitrone
200 g Zucchini
4 EL Öl zum Braten
2 Birnen
2 EL Öl
1 EL Zucker
1 Messerspitze Salz
4 EL weißer Balsamico
1 TL Butter

1 Ingwer schälen, in 1 mal 1 cm große Stücke schneiden, in der trockenen heißen Pfanne anbraten, mit dem Apfelsaft angießen, reduzieren, wieder angießen und reduzieren und das so lange, bis die Ingwerstücken gar sind. Anschließend pürieren.
2 Rohe Rote Bete in 1 mal 1 cm große Würfel schneiden und in der trockenen heißen Pfanne in 10 Sekunden anbraten, bis es zwitschert, dann mit Mineralwasser angießen, bis sie bedeckt sind. Hitze auf die Hälfte reduzieren (Stufe 6), Deckel auf die Pfanne setzen und etwa 5 Minuten gar dünsten.
3 Während die Rote Bete dünsten, Kartoffeln schälen, klein raffeln und am besten in einer flachen Schüssel kurze Zeit stehen lassen.
4 Das Kartoffelwasser, das sich bildet, abgießen. Dabei die Kartoffelstärke, die sich absetzt, in der Schüssel lassen.
5 Chili, Gewürze und Zitronenzesten zugeben.
6 Zucchini mit der Mandoline darüber raffeln, alles vermengen.
7 Eine Pfanne erhitzen (mittlere Temperatur). Puffer formen, hineingeben, Öl zufügen, braten, bis die Ränder braun werden, dann wenden. Nach dem Braten auf Küchenkrepp legen und das überschüssige Öl aufsaugen lassen.
8 Birnen putzen, vierteln, Kerngehäuse entfernen, in extrafeine Spalten schneiden, in eine mittelheiße Pfanne legen, Öl hinzufügen, zuckern, salzen, mit weißem Balsamico ablöschen und weiter bei mittlerer Stufe 5 Minuten garen. Abschließend 1 TL Butter drantun und würzen.
9 Vor dem Anrichten kurz Rote Bete mit dem Ingwerpüree aufkochen. Beim Anrichten frisch geriebenen Meerrettich auf das Gemüse geben.

Rote-Bete-Suppe

EIN REZEPT VON IVETA HAMESTER

5 mittelgroße Rote Beten
1 Zwiebel
1 Möhre
1 Fleck Butter (damit sich das Vitamin B löst)
3 große Kartoffeln
200 g Fleischwurst
Eier, hart gekocht
Thymian oder
Majoran
1 Klecks saure Sahne

1 Die Zwiebel mit der klein geschnittenen Möhre in Butter anbraten und mit 1,5 l Wasser oder – wenn Kinder mit essen – 1 l Wasser ablöschen. Das macht die Suppe etwas dicker.
2 Kartoffeln in große Würfel schneiden und in die Brühe geben.
3 Rote Bete mit einer Allzweckreibe in feine Streifen reiben und hinzufügen, wenn die Kartoffeln weich sind.
4 Fleischwurst würfeln, in die Suppe geben und sie noch einmal aufkochen lassen. Darauf achten, dass die Suppe nicht zu heiß wird, damit die Rote Bete nicht ihre Farbe verliert.
5 Eier in Scheiben und dann Würfel schneiden, unterrühren und zum Schluss einen Klecks saure Sahne und frischen Thymian oder Majoran auf die Suppe geben.

Rote-Bete-Quiche

EIN REZEPT VON MIKKO YLITALO

125 g Butter
250 g Mehl
80 ml Wasser
Salz

600 bis 700 g Rote Bete
2 dl Sahne
2 dl Milch
2 Eier

Majoran
Thymian
Salz
Pfeffer

Ziegenkäse

1 Aus Butter, Mehl, Wasser und Salz eine Pâte brisée (französische Version des Mürbeteigs) kneten. 1 Stunde ruhen lassen, mit dem Nudelholz zu einer großen dünnen Platte ausrollen und eine Springform (Boden und Rand) damit auslegen. Den Boden mit einer Gabel hier und da einstechen.
2 Rote Bete mit Schale kochen, bis sie – Messerprobe – gar ist. Schälen und mit der groben Seite einer Kastenreibe klein hobeln.
3 In einer Extraschüssel Sahne, Milch, Eier und Gewürze verrühren. Die Mischung anschließend zur Roten Bete geben und so gründlich vermengen, dass die Sahne eine schöne rote Farbe annimmt.
4 Das Ganze auf den Teig füllen und die Quiche mit Ziegenkäse belegen (etwa 12 nicht zu dicke Scheiben von einer Rolle, der Käse soll nicht einsinken). Den Teigrand etwa 1 cm über der Füllung rundherum gerade abschneiden.
5 Bei 180 bis 200 Grad backen, bis die Füllung fest wird und der Käse zerläuft.

Diese Quiche gibt es bei besonderen Gelegenheiten auf dem Büffet der finnischen Generalkonsulin Erja Tikka in Hamburg. Ihr Koch **Mikko Ylitalo** hat das Rezept aus der Familie seiner Frau mitgebracht.

Borschtsch

EIN REZEPT VON VIKTORIA VON DEM BUSSCHE

3 bis 4 kleine Rote Beten
1 Glas doppelte Kraftbrühe
Balsamico-Essig
Salz
Pfeffer
Crème fraîche

1 Rote Bete in der Schale kochen (das meint, sieden), schälen und klein schneiden und mit einem Teil der Brühe vermischen.
2 Balsamico zugeben, pfeffern, salzen und ziehen lassen.
3 Das Ganze fein pürieren.
4 Den Rest der Brühe hinzugeben.
5 Mit einem dicken Klacks Crème fraîche servieren.

Noch »eleganter« ist es, die Rote Bete durch ein Haarsieb zu streichen, sagt Viktoria von dem Bussche, denn dann bekommt der Borschtsch eine Konsistenz »fast wie Tee«. Das Rezept stammt von Helene Bußmann, der pommerschen Köchin auf Schloss Ippenburg.

ROTE BETE lecker mit einer Soße aus Orangensaft, Essig, Salz und Pfeffer über den Scheiben der gebackenen Rübe. Dazu Brunnenkresse.

Schwikli, Rote Rübe mit Meerrettich

EIN REZEPT VON BRIGITTE WACHSMUTH

6 bis 8 Rote Beten
½ Stange Meerrettich
Öl
Essig
Salz

1 Rote Beten kochen oder im Ofen backen, bis sie gar sind, pellen, in Scheiben schneiden.
2 Meerrettich schälen und fein raspeln, am besten bei geöffnetem Fenster oder mit der Küchenmaschine.
3 In einer Schüssel die Rote Bete mit dem geraspelten Meerrettich vermischen, mit Salz, wenig Essig und Öl abschmecken. Schwikli soll mild säuerlich und nicht ölig schmecken.
4 Sofort in fest verschließbare Gläser füllen und mindestens 24 Stunden ziehen lassen.

Die Bielefelder Kennerin historischer Blumen Brigitte Wachsmuth hat dieses Rezept von ihrer Schwiegermutter übernommen, die es aus Russland mitbrachte. Sie schreibt: »Es gehört auf die Familienbüffets der Weihnachtstage und zu Silvester, wird manchmal nachts am Kühlschrank gegessen und gern von Gästen mitgenommen.«

Winter

Desto heller strahlt der Luxus ...

Das A und O für die gut gefüllte Speisekammer des Selbstversorgers ist die richtige Sortenwahl. Äpfel, die bis zum April saftig bleiben, Kartoffeln, die schon im Juli schmecken, Rüben, die den Frost aushalten. Ludwig Watschong ist Saatgutgärtner. Er sucht und züchtet Gemüse mit besonderen Durchhaltetalenten – und Würzkräuter, die einfache Kost zur Delikatesse machen.

NOVEMBER. Nur noch ein paar lädierte Exemplare der Gelben Bete liegen auf dem Acker. Die Rüben, die Ludwig Watschong im Frühjahr wieder auspflanzen will, sind längst in feuchtem Sand eingekellert. Er baut sie an, lässt sie blühen und erntet ihre Saat. Gelbe Bete schmeckt im Gegensatz zur Roten Bete milder.

Ludwig Watschong lebt für die Unabhängigkeit. Kartoffeln isst er am besten das ganze Jahr aus eigener Ernte. Das geht nur, wenn er eine besonders frühe Sorte anbaut und eine, die sich extrem lange lagern lässt. Die frühe hat er über die Listen gefunden, die das Bundessortenamt herausgibt. »Sie heißt 'Rita', war nie ein richtiger Renner, denn der Geschmack ist nicht gerade wahnsinnig gut, aber das ist bei Brei, Bratkartoffeln und Auflauf eh nicht so wichtig«, meint er. 'Rita' ist mehlig, was selten bei Frühkartoffeln ist, und damit perfekt für Brei. Bereits im Juli kann er sie ernten. Eine extreme Spätkartoffel hat er im Nachbardorf bekommen, »eine alte Dame hat sie da lange angebaut«. Unbekannt, wie sie heißt oder wie sie in das Dorf gelangte. Er hat sie auf den Namen des Dorfes 'Fürstenhagen' getauft. Ihr Verdienst: Sie beginnt erst im Mai, Keime zu treiben, und wird erst dann schrumpelig und weich. Mit 'Rita' und 'Fürstenhagen' schafft Ludwig Watschong es, sich von Juli bis Mai mit eigenen Kartoffeln zu versorgen: ein Paradebeispiel für gute Lagerhaltung durch effektive Sortenwahl.

Hausgarten mit Entwicklungspotenzial

Ludwig Watschong ist Saatgutgärtner. In Arenborn-Oberweser, gute 30 Autominuten von Göttigen und Kassel entfernt, beackert er einen hektargroßen Hof. Sein Land liegt in einer Senke, »früher war hier Ried, der Boden ist im Untergrund tonig, da steht das Wasser in Pfützen drauf«. Er hat viel Mist darauf gefahren und damit eine dicke Humusschicht aufgebaut. Für kleines Geld pachtet er Grabeland von der Gemeinde dazu, »das war nicht schwer zu bekommen, kaum einer will das heute noch haben«. Auf dem Grabeland hat er trockenen Lehm als Boden, gut für Doldenblütler wie Koriander, Sellerie oder die fast unbekannte Würzsilie, lauter Pflanzen, von denen er die Samen erntet. Insgesamt baut Ludwig Watschong als Gesellschafter der Organisation »Dreschflegel« gut 50 verschiedene Nutzpflanzen an. Nicht von jeder Pflanze produziert er jedes Jahr frische Saat: »Die meiste Saat hält sich zumindest drei bis vier Jahre, fettreiche Samen wie die von Kohl oder Rettichen sogar zehn Jahre.« Er hat sich einen Anbaurhythmus von zwei, drei Jahren eingerichtet, er kreuzt und züchtet, liest Rüben auf Winterhärte aus, sichtet vom Porree namenlose Landsorten, deren Saat er aus der Genbank bekommen hat, und arbeitet an der Rückzüchtung einer alten Rosenkohlsorte, die außer Röschen einen kohlförmigen Blattschopf bildet, der sich ernten und wie Wirsingkohl verarbeiten lässt.

Wie Ludwig Watschong arbeiten 14 Dreschflegel-Höfe in Deutschland, jeder mit seiner Spezialisierung. Sie werden von den unterschiedlichsten Menschen betrieben. Ein Schmied ist dabei, ein Doktor, der nebenbei Biohöfe kontrolliert, ein anderer, der in einem Projekt an der Universität Göttingen untersuchte, wie sich in Deutschland zum Beispiel sinnvoll Linsen anbauen lassen – etwa mit einer aufrecht wachsenden Sorte, die sich leichter von Unkraut sauber halten

lässt. Ihnen allen gemeinsam ist der aktive Einsatz für den Erhalt der Nutzpflanzenvielfalt – und zwar ausdrücklich für den Hausgarten. Sie gewinnen nicht nur selbst die Saat von seit Generationen weitergegebenen Erbsen-, Bohnen-, Kohl- oder Getreidesorten, sie verbessern sie auch und verkaufen die Saat über ihre Organisation (für gewerbliche Interessenten, Biobauern zum Beispiel, gibt es die Schwesterorganisation »Bingenheimer Saatgut«). Und sie bringen Interessierten bei, wie Saatgut zu gewinnen und damit die eigene Auslese von Gemüsen zu bewahren ist – »in Weckgläsern mit Gummiringen besser als in Schraubgläsern und gut mit einem Säckchen Kieselgur, der bindet Feuchtigkeit«. Netter Zeitvertreib, könnte man denken, und vollkommen jenseits aller Realitäten, vergleichbar vielleicht mit dem Spinnen eigener Wolle in den 1970er-Jahren. Doch in der liebenswerten Eigenbrötelei steckt ein brisantes hochpolitisches Thema.

Umweltaktivist im Luxusrestaurant

Egal, ob Schnittlauch fürs Küchenfenster, Blattsalat für den Hausgarten oder Zuckerrüben für den Landwirt: Das meiste Saatgut für unsere Nutzpflanzen wird heute von weltweit operierenden Konzernen produziert, die Saat mittels Hybridzüchtung oder mit Gentechnik herstellen. Sie reduzieren die Vielfalt zugunsten weniger Sorten, die nicht an einzelne Regionen angepasst sind, sondern sich vielerorts einsetzen lassen. Die gleich groß, gleich gut, gleich effektiv sind. Damit das wirklich überall klappt, liefern sie Sicherheitspakete mit, in denen das Saatgut als Baustein in umfassende Systeme aus Düngemitteln und Unkrautvernichtern einpasst ist. Das alles ist patentiert. Wer es haben möchte, muss es kaufen. Jedes Jahr wieder.

Doch wer arm ist, kann nicht kaufen. Wer keine eigene Saat hat, der hungert.

Das macht alte Nutzpflanzensorten wichtig, die an ihre Umgebung angepasst sind, die ohne Spezialdünger aufwachsen und die nicht wie die Hybridzüchtungen unfruchtbar sind, sondern Saat für das nächste Jahr ansetzen. Darum fördern Umweltaktivisten in vielen unterentwickelten Regionen der Welt den individuellen Saatanbau von Farmern, Bauern, Gärtnern als wichtigste Strategie gegen Armut und die Abhängigkeit von den Konzernen.

Seltsam nur, dass das, was dort zum Überleben beitragen soll, bei uns der zur Zeit übergreifendste Modetrend ist, gleichermaßen angesagt bei Firmenlenkern, Sinnsuchern, Stadtbewohnern und Biogärtnern. Es ist schick, die Reihen im Küchengarten mit zehn historischen Kartoffelsorten zu besetzen, Stangen für Feinschmecker-Bohnen aufzustellen und Wildtomaten zu ernten. Die Menükarten der Fünfsternerestaurants schmücken sich mit Namen ausgefallenster Kohl- und Rübensorten. Denn je spezifischer der Name, desto größer der Aufwand, das rare Gemüse von entfernten französischen Küstenorten oder aus dörflichen Nestern auf dänischen Inseln herbeizuschaffen, desto heller strahlt der Luxus. Den Speisezettel voller handverlesener Gemüsesorten zu haben ist der Ausweis für Zeit, Kenntnis und die ungeheure Vielfalt, die mit Geld zu kaufen ist.

Suchanzeige für verschollene Nutzpflanzen

Angefangen hat die für Arm und Reich so unterschiedlich bedeutungsvolle Bewegung in den 1980er-Jahren. 1986 schrieb der kanadische Entwicklungshelfer und Technikkritiker Pat Mooney »Saatmultis und Welthunger«. Seine These: Die in den 1960er und 1970er-Jahren mit den Hochertragssorten in Gang gesetzte »grüne Revolution« – ein ursprünglich von den Konzernen gemünztes Motto, das erst in den 1980er-Jahren von der Ökologiebewegung übernommen wurde – versprach zwar, den Hunger aus der Welt zu bringen, hat ihn aber tatsächlich verstärkt.

Die Lektüre dieses Buches veränderte Ludwig Watschongs Leben. »Auf einmal war es mir unbedingt wichtig, einen Garten zu haben, mein eigenes Gemüse anzubauen, nicht kaufen zu müssen, sondern eigene Sorten zu entwickeln.« Ihm ging ein Licht auf, was das Wort »Kulturpflanze« bedeutet. Dass im Zusammenhang mit Nahrung »Kultur etwas Lebendiges und nichts Totes ist« wie bei Bildern oder

STÜTZKORSETT für wilde Tomaten. *Lycopersicon pimpinellifolia* wuchert stark und wird nicht ausgegeizt. Um sie zu halten, hat Ludwig Watschong jeder Pflanze einen Käfig gebaut. Im Spätherbst sind nur noch die erfrorenen Reste zu sehen.

WINTERHECKENZWIEBELN haben ihren Namen von dem horst- oder entfernt heckenartigen Wuchs und ihrer Fähigkeit zu überwintern. Gegessen werden Zwiebeln und hohle Laubblätter.

DIE WEISSE MÖHRE mit dem Namen 'Küttiger' ist eine alte Schweizer Sorte. Ludwig Watschong schneidet Schadstellen aus und reibt sie mit Asche ein. Das schützt. Die Weiße Möhre ist nicht so saftig wie herkömmliche Karotten, hat dafür ein kräftiges Aroma, gut für Eintöpfe.
IM HOCHBEET ist die Kerbelrübe ausgesät. Sie ist ein Kaltkeimer und braucht die Frostmonate. Den PORREE, der Zwiebeln ansetzt, nannte man früher auch »Perllauch«. Zwar bilden die Tochterzwiebeln nur dünne Stangen aus. Wer das akzeptiert, hat leckeren Frühlings-Porree.

Skulpturen. »Dass erst die Entwicklung der Kulturpflanzen unsere Zivilisation ermöglichte und ihr Verschwinden das Ende der Zivilisation bedeuten kann.« Ludwig Watschong suchte den Kontakt zu Gleichdenkenden, fand den anthroposophischen Züchter Thomas Becker in Wybelsum bei Emden und Bernward Geiger in Witzenhausen, der ein Buch verfasst hatte über »Biologisches Saatgut aus dem eigenen Garten« und der 1986 Generalsekretär der IFOAM (gegr. 1972) wurde, jener im Lauf der Jahrzehnte immer einflussreichen gewordenen Internationalen Vereinigung ökologischer Landbaubewegungen.

1986 gründete Ludwig Watschong mit einem Häufchen von Sympathisanten VEN, den Verein zum Erhalt der Nutzpflanzenvielfalt, heute eine weithin bekannte Einrichtung. Etwa zeitgleich entstanden in Österreich die »Arche Noah« und in der Schweiz »Pro Specie rara«. Die ersten Aufgaben der Mitglieder von VEN waren, »das Bewusstsein dafür zu schärfen, wie überlebenswichtig es ist, eine Vielfalt von Nutzpflanzen zu bewahren und Menschen zu finden, die alte Sorten pflegen«, so Ludwig Watschong. Und er machte sich selbst auf die Suche nach verschollenen Nutzpflanzen. Genbanken sind gute Quellen, botanische Gärten ebenfalls.

In einem botanischen Garten hat er die Würzsilie gefunden, eine früher genutzte, heute so gut wie unbekannte Gewürzpflanze, deren gemahlener Samen ähnlich wie Muskat schmeckt. Die Würzsilie ist ein Doldenblütler, wird brusthoch, wächst schmal und ein bisschen »spidelig«. Sie kann ewig auf einem Beet stehen, samt sich aus und funktioniert als guter Bodendecker, wenn man im Frühjahr ihr Beet von Unkraut frei hält. Die getrockneten Samen mahlt Ludwig Watschong in einer alten Kaffeemühle – »praktische Dinger, bei denen man die Mahlabstände verändern kann« – und würzt seinen Kartoffelbrei damit. Schmackhaft, wohlfeil und absolut autonom.

DER ARBEITSTISCH mit dem selbst gebauten Schneckenschutz – Ludwig Watschong hat einem braunen Plastikblumentopf den Boden herausgetrennt – mit Steckhölzern, die vom letzten Rasenkanten-Abstechen liegen geblieben sind und einem besonderen Knoblauch samt Brutzwiebeln.
DIE GEWÄCHSHAUSTUNNEL sind selbst gebaut und überaus praktisch. Sie nutzen zum Vorziehen und garantieren, dass sommers Melonen reifen.
IM SAATLAGER ruhen Samen von rund 50 Nutzpflanzen. Feine Körner in Gläsern, grobe wie die von Melonen oder Rüben in Eimern am Boden.

Kartoffeln

Bratkartoffeln mit Spiegelei

EIN REZEPT VON DUSKO FIEDLER

1 kg vorwiegend festkochende Kartoffeln
4 EL Öl
30 g Zwiebeln
Salz
1 TL geschnittene Petersilie
Thymian
Eier

1 Am Vortag gekochte kalte Kartoffeln pellen und in dünne Scheiben schneiden.
2 Pfanne (Teflon, 28 cm) erhitzen, Kartoffeln einfüllen (es dürfen nicht zu viele werden), danach das Öl.
3 Warten, bis die Kartoffeln an den äußersten Rändern einen zarten braunen Rand entwickeln. Damit das bei allen Stücken geschieht, die Pfanne leicht hin und her schieben. Nicht vom Feuer nehmen und auch nicht mit einem Löffel rühren.
4 Sobald die Ränder den braunen Saum entwickelt haben, schwenken oder mit einem Bambusschaber die Kartoffeln umdrehen, in regelmäßigen Abständen wiederholen, eventuell Öl nachgeben und knusprig braten. Das alles geschieht bei voller Herdleistung.

1 Parallel dazu in einer separaten Pfanne Zwiebeln mit etwas Öl anschwitzen, bis sie glasig sind.
2 Außerdem Spiegeleier bei gemäßigter Wärme (Stufe 6) braten. Mehr Hitze lässt nur die Ränder schnell knusprig werden, während gleichzeitig das Eigelb flüssig bleibt.
3 Petersilie und Thymian zufügen, mit den Zwiebeln einschwenken, zu den fertigen Kartoffeln geben und mit den Spiegeleiern anrichten.

Soll alles in einer Pfanne geschehen, erst die Zwiebeln und die Petersilie zubereiten, aus der Pfanne nehmen und in einer Schüssel bewahren. Die Pfanne auswischen, Öl hineingeben, die Kartoffeln braten und zum Ende Zwiebeln, Petersilie und jetzt auch gehackten Thymian dazugeben.

Um die Kartoffeln ohne viel Fett zum Anrichten aus der Pfanne zu heben, diese schräg auf einem Holzbrett abstützen. Dann sammelt sich das Öl am tiefsten Punkt.

→ Dazu gebratenen Salat geben, entweder Radicchio, Chicorée oder Feldsalat.

Dafür die Pfanne ganz heiß werden lassen, den Salat einfüllen, kurz warten, bis die Salatblätter ein zwitscherndes Geräusch machen.
Nun 1 EL Rapsöl zugeben (das muss schnell gehen, daher am besten das Öl in einem Eierbecher bereitstellen).
Etwa eine Minute braten.
Der Salat soll nicht kochen, nur leicht zusammenfallen und sich erwärmen, sodass seine Aromen deutlicher werden. Ein ähnlicher Prozess wie im Wok, in dem unter hoher Hitze Gemüse gegart wird. Mit etwas gutem Olivenöl und Zitronensaft anrichten.

Kartoffelpüree und seine Spielarten

EIN REZEPT VON DUSKO FIEDLER

1 kg mehligkochende Kartoffeln

200 ml Milch
50 g Butter
(oder max. 1 EL Öl)
1 Messerspitze Salz

1 Kartoffeln schälen und halbieren oder vierteln und zum Garen in bereits kochendes gesalzenes Wasser geben. Der Kartoffelcheck wird mit einem spitzen Schälmesser gemacht. Gleitet das Probestück leicht wieder runter, sind die Kartoffeln gar. Falls sie nicht gleich weiterverarbeitet werden, nicht in kaltem Wasser stehen lassen – das laugt sie aus –, sondern auf einen Teller oder in eine Schüssel tun und mit einem nassen Tuch bedecken.

2 Kartoffeln stampfen. Es gibt die verschiedensten Kartoffelstampfer, alle sind gut. Auf keinen Fall einen Mixer nehmen, mit ihm erzeugt man Kartoffelkleister.

3 Milch aufkochen, Butter darin auslassen und beides heiß in das Püree geben.

KARTOFFELN brauchen im Garten Platz. Doch es lohnt sich in jedem Fall. Keine gekaufte Frühkartoffel ist so süß wie die gerade geerntete. »Ohne eigene Kartoffeln is nix", sagt die Bäuerin Ilse Borchers«. Seite 9.

Kartoffelpüree darf niemals speckig glänzen. Es muss matt aussehen wie feines Biskuitporzellan und dabei so cremig sein wie weiches Marzipan oder ein auf halbfest gekochtes Eigelb.

Theorie

Wichtigste Voraussetzung: Die Kartoffeln müssen mehlig sein. Püree von festkochenden Sorten ist klitschig. Sortenwahl bestimmt den Geschmack: Eine eigenwillig nussige neuere Kartoffel ist 'Mayan Twilight', man bekommt sie bei Kartoffelspezialisten wie Karsten Ellenberg. Auch 'Ackersegen', 'Bintje' und 'Mehlige Mühlviertler' sind aromatisch.
Irrig ist die Annahme, Muskat gehöre auf jeden Fall ins Püree. Dazu müsste man erst entschieden haben, welches Gericht entstehen soll.

Varianten

Basis ist ein neutrales Püree. Eine Prise Muskat passt, wenn das Püree Rindfleisch begleitet.

Zum Würzen sind Petersilie und Majoran die Klassiker. Diese Kräuter sollten immer angebraten sein, damit sie ihr Aroma entfalten. Auch Schnittlauch schmeckt als Dreingabe, doch der wird frisch verwendet, lecker mit angeschwitzten Schalotten.

Und es gibt die Mischvarianten: halb und halb Kartoffel und Sellerie oder zwei Drittel Kartoffel und ein Drittel Süßkartoffel, das gibt eine schöne orange Farbe. Oder Kartoffel- mit Fenchel-püree (bei der zubereiteten Menge 6 EL).

Schupfnudeln aus Kartoffelbrei

EIN REZEPT VON DUSKO FIEDLER

1,5 Kilo mehligkochende Kartoffeln
2 Eier
1 TL Salz
70 g Mehl
120 g Kartoffelstärke
40 g Grieß
1 TL kräftige Gewürzmischung

1 Nach dem gleichen Grundrezept wie die Klöße (Seite 51) ungeschälte Kartoffeln im Ofen backen.
2 Die runzelige Schale abpellen, Knollen noch heiß in einer Schüssel zu Mus stampfen, Zutaten hinzufügen, alles mit der Hand vermengen und den fertigen Teig unter einem Tuch 10 Minuten ruhen lassen, damit der Grieß quellen kann.
3 Ein Brett mit Mehl und Grieß bestäuben. Den Teig zu einer gut 30 cm langen, etwa 1,5 cm dicken Stange formen. 8 cm lange Stücke abschneiden und in der Handkuhle rollen. Die Nudeln sollen in der Mitte dicklich, zu den Enden spitz sein.
4 Kräftig gesalzenes Wasser in einem tiefen Topf zum Kochen bringen, Nudeln ins sprudelnde Wasser gleiten lassen. Sobald sie aufsteigen, die Hitze herunterschalten, bis im Wasser keine Bläschen mehr aufsteigen. 10 Minuten garen.
5 Auf einem mit Küchenfolie bezogenen Blech 10 Minuten auskühlen lassen. Die Folie mit einem dünnen Ölfilm versehen, damit nichts anklebt.
6 Heiß braten. Die Schupfnudeln sollen außen knusprig, innen locker sein. Vor dem Anrichten mit Muskat würzen.

Zum Einfrieren 1 TL Öl in den Gefrierbeutel geben, dann lassen sich die Nudeln nach dem Auftauen gut braten. Noch besser gelingt das, wenn sie noch leicht angefroren sind.
Einen Monat halten sich die Nudeln im Tiefkühlschrank.

Varianten
Gibt man Kräuterpaste (Seite 49) hinzu, hat man Petersilien-Kerbel-Nudeln. Süße Schupfnudeln erhält man, wenn man 800 g Kartoffeln und 200 g Topfen (siehe Quarknocken) und statt der Würzmischung das Mark von 1 Stange Vanille und den Abrieb einer halben Zitrone nimmt. Dazu das Kompott von gebratenen Kirschen oder Johannisbeeren.

Kartoffelsalat auf Wiener Art

NATIONALKÜCHE

1 kg mittelgroße Kartoffeln

Marinade
1 große Zwiebel
1 Tasse Gemüsefond
1 TL Senf
Zucker, Salz
Schwarzer Peffer
3 TL Weißwein-Essig
3 EL Sonnenblumenöl
2 TL Nussöl
1 Bund Schnittlauch

1 Kartoffeln mit Pelle so lange sanft blubbernd kochen, bis sich die Gabel mit leichtem Druck in die Knolle schieben lässt.
2 Abgießen und halb bedeckt 1 Viertelstunde im Topf ausdampfen lassen.
3 Für die Marinade die Zwiebel schälen, in kleine Würfel schneiden und in etwas Gemüsefond blanchieren.
4 Senf, Zucker, Salz und grob gemahlenen schwarzen Pfeffer in einer Schüssel miteinander verrühren, den warmen Gemüsefond mit den blanchierten Zwiebeln dazugeben, dann Essig und Öl. Rühren und abschmecken, die Marinade soll würzig und leicht salzig schmecken. Danach in eine große Schüssel füllen.
5 Die noch warmen Kartoffeln schälen, in nicht zu dünne Scheiben schneiden, in die Marinade legen und nach einer gewissen Zeit wenden. Ziehen lassen. Schnittlauch schneiden und darüberstreuen.

→ Dazu einen mit Zitronen-Vinaigrette angemachten Salat aus Radicchio, Chicorée und Feldsalat – und Bohnenfrikadellen.

Kohl

Rotkohl spezial

NATIONALKÜCHE

1. Variante
2 Zwiebeln
600 g Rotkohl
2 TL Koriandersamen
12 Backpflaumen
100 ml Weißwein
2 EL Traubenkernöl
1 TL Meersalz, Pfeffer

1 Zwiebeln schälen und in feine Ringe, Rotkohl in Streifen schneiden. Koriander zerstoßen.
2 Backpflaumen klein würfeln, mit Weißwein übergießen und ziehen lassen.
3 Öl in einem Topf erhitzen. Kohl, Zwiebeln und Koriander darin 10 Minuten schmoren. Dann die Backpflaumen samt Wein hinzufügen, pfeffern, salzen, umrühren. Am besten schmeckt der Kohl, wenn er noch Biss hat (nach Lenôtre).

2. Variante
1 kleiner Kohlkopf
Rotwein
Cassis
Orangensaft
Wacholderbeeren
Zimt
Lorbeer
Essig
Salz
1 Vanilleschote
Brauner Zucker
Schmalz und Salzbutter
Schalotten

1 Einen Sud aus Rotwein, Cassis, Orangensaft und den Gewürzen herstellen und den klein geschnittenen Rotkohl darin 3 Tage lang marinieren.
2 Schalotten in Butter und Schmalz anschwitzen, mit braunem Zucker leicht karamellisieren, den Rotkohl hinzufügen und garen. Wieder zwei Tage durchziehen lassen (nach Thomas Bühner).

3. Variante
1 kleiner Rotkohl
2 Schalotten
1 Boskoop
2 EL Johannisbeer-Gelee
Öl
Gemüsefond
Salz, Zucker

1 Rotkohl und Schalotten in feine Streifen, Apfel in Würfel schneiden.
2 Schalotten in Öl glasig dünsten. Kohl und Apfel hinzufügen. Leicht schmoren lassen, wenn nötig, Gemüsefond hinzugeben. Abschließend mit Salz, Zucker und Johannisbeer-Gelee abschmecken (nach Wolfram Siebeck).

Ob Kochlegende in Frankreich wie Gaston Lenôtre, Sternekoch in Osnabrück wie Thomas Bühner in Osnabrück oder Feinschmeckerinquisitor aller Deutschen wie Wolfram Siebeck, jeder hat sich aus der großen Vielfalt von Zubereitungsmöglichkeiten andere Varianten gewählt, den Rotkohl zu bereiten – dieser süßeste von allen Kohlen riecht am wenigsten in der Küche. Er ist eine deutsch-französische Spezialität

Spitzkohl mit Champignons und Äpfeln

EIN REZEPT VON STEPHAN CLAUSS

1 Spitzkohl, circa 1 Kilo
800 g Champignons
2 Schalotten
100 g gewürfelter Speck
50 g Butter
50 g Schweineschmalz
2 EL Olivenöl
2 Boskoop-Äpfel
50 ml Süße Sahne
1/10 l Weißwein
1 Bund Petersilie

1 Spitzkohl vom Strunk und von den äußeren Blättern befreien und in möglichst feine Querstreifen schneiden.
2 Champignons putzen und vierteln.
3 Schalotten klein hacken.
4 In eine große Schmorpfanne (mit Deckel) Öl, Butter und Schmalz geben und bei mittlerer Hitze den Speck anbraten.
5 Schalotten und Champignons dazugeben, anbraten, dann 10 Minuten dünsten, Pilze aus der Pfanne nehmen und an der Seite aufbewahren.
6 Spitzkohlstreifen anbraten und unter häufigem Wenden 10 Minuten schmoren, zwischendurch die Pfanne immer wieder mit dem Deckel verschließen.
7 Geviertelte und entkernte Äpfel (mit oder ohne Schale) dazugeben.
8 Mit Weißwein und süßer Sahne ablöschen.
9 Champignons unterheben und bei wenig Hitze alles zusammen 5 weitere Minuten schmoren.
10 Mit gehackter Petersilie bestreuen.

→ Passt am besten zu Hähnchen oder Schweinelendchen.

Stephan Clauss ist 21 Jahre lang, bis 2010, Redakteur der in Hamburg erscheinenden Zeitschrift »**Der Feinschmecker**« gewesen. Es hat ihn gereizt, mit Spitzkohl zu experimentieren, »weil er im Vergleich zu anderen Kohlarten einen feineren Geschmack hat«.

Wildbratwurst im Rotkohlmantel

EIN REZEPT VON VIKTORIA VON DEM BUSSCHE

Wildbratwurst
Rotkohblätter
Durchwachsener Speck
Thymian

1 Rotkohlblätter kurz abwellen, das heißt in einen Topf mit heißem Wasser geben, sonst lassen sie sich nicht rollen.
2 Speck mit einigen abgestrubbelten Thymianblättern anbraten.
3 Die Wurst vom Darm befreien.
4 Thymian und Speck auf jeweils ein Blatt legen und damit die Wurst einrollen. Zusätzlich mit Speck bedecken, auf einer Backfolie im Ofen 15 Minuten lang bei 180 °C garen.
5 Zum Schluss den Speck herunternehmen und den Rotkohl etwas anrösten, eventuell zusätzlich den Grill im Ofen anschalten.

Rotkohl-Birnensuppe

EIN REZEPT VON OLAF KRANZ

½ mittelgroßer Kopf Rotkohl
Eine gute Handvoll Zwiebel- und Speckwürfel
2 EL Gänsefett
Zucker
Salz
Schwarze Pfefferkörner
Piment
Zimtstange
Lorbeer
Nelken
1,5 l Geflügelbrühe
6 reife Birnen, z.B. Abate
Saft von 3 Orangen
¼ l Sahne
Apfelessig

1 Rotkohl in feine Streifen schneiden.
2 Gänsefett in einem großen Topf auslassen, darin Speck und Zwiebeln anschwitzen, mit Zucker kurz karamellisieren.
3 Rotkohl dazu geben und mit Brühe auffüllen.
4 Gewürze in einem Sieb mitkochen.
5 Nach der Hälfte der Garzeit die in Spalten geschnittenen Birnen dazugeben.
6 Das Sieb mit den Gewürzen herausnehmen. Sahne und Orangensaft hinzufügen und alles gut durchpürieren. Mit Essig abschmecken.

→ Mit karamellisierten Birnenspalten oder gebratener Leber anrichten.

Olaf Kranz kocht diese Suppe im Herbst in »Schmidt's Restaurant« in Hellerau, einem Vorort von Dresden und Deutschlands älteste Gartenstadt. Das feine Lokal liegt in der historischen Wagenremise der Deutschen Werkstätten für Handwerkskunst. Der Jugendstilarchitekt und Mitbegründer des Werkbundes Richard Riemerschmied hat das weitläufige Ensemble 1909 bis 1911 gebaut. Es steht als Teil des historischen Hellerau auf der Anwartsliste für das Weltkulturerbe.

Sauerkraut nach Maier-Leibnitz-Art

EIN REZEPT VON HEINZ MAIER-LEIBNITZ

750 g selbst gemachtes Sauerkraut*
150 g mageren Speck
1 kleine Zwiebel
2 TL süßen Paprika
6 Wacholderbeeren
100 ml Weißwein
100 ml Fleischbrühe
1 Apfel, am besten Boskoop

1 Den Speck in Würfeln schneiden und in einer Kasserolle (oder in einer Pfanne und später in einen Topf umfüllen) anbraten.
2 Zwiebel fein schneiden und in dem ausgelassenen Fett anbräunen, mit süßem Paprika würzen.
3 Das Sauerkraut mit Brühe, Wein und den Wacholderbeeren dazugeben.
4 Etwa dreißig Minuten köcheln lassen. Das Sauerkraut soll noch Biss haben.
5 Ziemlich zum Schluss den klein geschnittenen Apfel hinzufügen. Er macht das Sauerkraut milde.

Das leckerste Sauerkraut-Rezept, das wir je gefunden haben. Es ist milde, fruchtig, ein bisschen süßlich und schmeckt wunderbar zu Kartoffelklößen und Apfelmus. Zu Heinz Maier-Leibnitz, siehe Seite 198.

* Anleitung zum Sauerkraut-Herstellen auf Seite 195.

Rüben

Gebratene Steckrüben mit Avocado-Walnuss-Creme

EIN REZEPT VON DUSKO FIEDLER

800 g Steckrüben
1 TL kräftige Gewürzmischung (Seite 51)
1 TL Salz

1 reife Avocado
1 Prise Salz
1 TL grobkörniger Senf
1 Messerspitze Gewürzmischung (siehe unten)
½ Mokkalöfffel Essigessenz (25 %)
300 g Walnüsse
1 EL Berberitzenfrüchte (bekommt man im Asia-Laden)
Zesten von einer ½ Zitrone

Gewürzmischung für die Avocado
3 Rosenknospen
3 Kapseln grüner Kardamom
1 Messerspitze Zimt
1 EL Kreuzkümmel
1 Messerspitze Chilipulver
1 TL Pfeffer

1 Steckrüben schälen und in 2 mal 2 cm würfelgroße Stücke zerteilen.
2 Pfanne bis zur vollen Herdleistung erhitzen, Steckrübenwürfel hineingeben (am besten in zwei Portionen zubereiten, die Pfanne darf nicht zu voll sein), dann etwas Öl hinzugeben und anbraten. Warten, bis die Kanten rehbraun werden, nun 1 weiteren EL Öl dazugeben, gar ziehen und leicht salzen.
3 Avocado schälen, das Fleisch mit der Gabel zerdrücken, dann mit Salz, Senf, Gewürzmischung und der Essigessenz vermengen.
4 Walnüsse rösten und mit den Zitronenzesten und Berberitzen dazugeben.

→ Dazu als zweites Gemüse gebratenen Blumenkohl, Kartoffelpüree, Spiegelei und einen Mürbeteigkeks. Die Avocadocreme schmeckt ebenso gut zu gedünstetem Spargel, gebratenen Mairübchen, Pellkartoffeln und Zitronensoße.

Gestovtes Wurzelgemüse

LANDKÜCHE

3, 4 oder 5 Möhren
die gleiche Menge Kartoffeln, beides immer halb und halb
3 Zwiebeln
Milch
6 Scheiben durchwachsenen Speck
Petersilie oder
Schnittlauch

1 Möhren und Kartoffeln schälen, klein schneiden, mit der Milch aufkochen und stampfen.
2 Speck und Zwiebeln in der Pfanne kross rösten und dazugeben. Mit Kräutern bestreuen.

Gestovtes Wurzelgemüse gab es früher, wenn auf dem Feld gearbeitet wurde und Essen für viele Menschen schnell fertig sein musste. Noch heute gehört es auf dem Land zu den alltäglichen Mittagsgerichten, wenn die Kinder aus der Schule kommen.

Pastinakenpastete mit geräucherter Forelle

EIN REZEPT VON VIKTORIA VON DEM BUSSCHE

Pastinaken
Butter
geräucherte Forelle
Lorbeer
Sahne
Gelatine
Zitrone
Limone
Salz
Pfeffer
Dill
Crème fraîche
Ingwer

1 Pastinaken scheuern und mit Schale garen, danach die Schale entfernen und die Pastinaken mit einer Prise »Bad Essener Salz«, Pfeffer und etwas weicher Butter pürieren.
2 Haut, Gräten und Kopf der Forelle mit Lorbeer und Pfeffer in Sahne sieden und einkochen (reduzieren), anschließend eine Limonen-Scheibe hineinlegen und an die Seite stellen.
3 Forellenfleisch in sehr kleine Stücke schneiden und in der reduzierten Fisch-Sahne ziehen lassen. Limonen-Scheibe herausnehmen und alles durch ein Sieb (Flotte Lotte!) streichen.
4 Gelatine anrühren, einen Teil in das Pastinaken-Püree, den anderen Teil in die passierte Fisch-sahne mengen.
5 Schlagsahne schlagen und Hälfte um Hälfte in beide Massen rühren. Mit Zitrone, Pfeffer und Salz abschmecken.
6 Den Boden einer Fischpasten-Form mit Dill-zweigen und ganz feinen Limonen-Scheiben auslegen, die »Fischcreme«, kurz bevor sie fest wird, darübergießen. Sehr feine Streifen Aalforelle darüber verteilen, abschließend die Pastinakencreme darüberstreichen.
7 Die Pastete frühestens nach einer Nacht oder 8 Stunden stürzen, mit ein paar Stücken Forelle und feiner »Dill-Crème-fraîche-Mayonaise« (mit passiertem Ingwer und Limonenabrieb verfeinert) oder »Grüner Soße« (Seite 108) servieren.

Möhrensuppe

EIN REZEPT VON KARIN GÖTZ

2 große Möhren
2 EL Butter
1 mittelgroße mehlig-kochende Kartoffel
500 ml Wasser
1 Zehe Knoblauch
1 Blatt Lorbeer
1 Zweig Thymian
3 Stängel Petersilie
250 ml Geflügelfond
100 ml Sahne
Salz
Cayennepfeffer
Bund Schnittlauch

1 Möhren waschen, schälen, nochmals waschen, fein würfeln und in der zerlassenen Butter andünsten.
2 Kartoffel schälen, waschen, ebenfalls würfeln und zu den Möhren geben.
3 Die geschälte Knoblauchzehe durch die Presse dazu drücken, das Gemüse mit Wasser aufgießen und zum Kochen bringen.
4 Lorbeerblatt, Thymian und Petersilie mit Küchenzwirn zu einem Sträußchen binden und hinzufügen. Bei halb aufgelegtem Deckel etwa 20 Minuten sanft kochen lassen, bis alles gut weich ist.
5 Das Kräuterbündel entfernen und die Suppe durch ein Sieb streichen oder im Mixer pürieren.
6 In den Topf zurückgeben, mit dem Geflügel-fond aufgießen, erneut zum Kochen bringen und mit Salz und Cayennepfeffer würzen.
7 Schnittlauch waschen und in feine Röllchen schneiden. Die Suppe vom Feuer nehmen, Sahne unterziehen und Schnittlauchröllchen darüber-streuen.

Sellerie

Sellerie-Steak

EIN REZEPT VON HEINZ MAIER-LEIBNITZ

1 junge Sellerieknolle
Zitronensaft

120 ml Sahne
Salz, Pfeffer, Muskat

1 1,5 cm dicke Scheiben vom Sellerie abschneiden, Rand abtrennen, mit Zitronensaft beträufeln und in runde Förmchen legen, die kaum größer als die Scheiben sind.

2 Sahne mit den Gewürzen vermengen, über die Scheiben geben und diese im auf 200 °C vorgeheizten Ofen circa 20 Minuten backen, bis die Scheiben gebräunt sind. Die Sahne verdampft bis auf einen guten Teelöffel zu sämiger Soße. Der Sellerie soll noch Biss haben.

→ Gut als kleine Zwischenmahlzeit. Passt zu Rührei und grünem Salat. Hinterher vielleicht einen Bratapfel.

Sellerie-Steaks lassen sich auf vielerlei Weise zubereiten. Man kann die Scheiben panieren (dazu vorher in Gemüsefond und Weißwein dünsten), in Butter (Butter zunächst nur wenig erhitzen und beim Wenden ergänzen) oder Öl backen. Dieses in Sahne gebackene Rezept hat der Atomphysiker Heinz Maier-Leibnitz im Zweiten Weltkrieg in einem Privathaus gegessen, »in einer Gartenbaugegend, wo es manchmal Sellerie gab«. Für ihn war es ein Gericht, das in fast allen Kochbüchern fehlt und das, »wenn alles gut geht«, zum Besten gehört, was er in seinem »Kochbuch für Füchse« zusammengetragen hat.

SELLERIE hält sich im Kühlschrank roh eine Woche. Das heißt, man kann sich immer wieder sein »Steak« herunterschneiden. Die Knolle gehört zu den schmackhaften Wintergemüsen.

Zwiebeln

Zwiebel-Gratinée

EIN REZEPT VON ALICE VOLLENWEIDER

Man benötigt
4 hohe ofenfeste
Schüsseln

4 große Zwiebeln
3 EL Öl
1 ½ l Fleischbrühe
4 dünne Scheiben
Weißbrot
150 g in dünne Scheiben
geschnittenen Emmentaler
Pfeffer

1 Zwiebeln in feine Würfel schneiden und mindestens 10 Minuten anschwitzen.
2 Mit der Brühe ablöschen, dann auffüllen und bei schwacher Hitze auf 1 Liter einkochen. Das dauert gut eine Stunde. Mit Pfeffer abschmecken.
3 Brotscheiben rösten und in die Schüsseln legen, mit den Käsescheiben bedecken, dann die Zwiebelbrühe darübergießen.
4 Warten, bis die Brotscheiben an die Oberfläche steigen. Die Tassen in den auf 150 °C vorgeheizten Backofen stellen und 15 bis 20 Minuten gratinieren lassen.

→ Dazu einen einfachen gemischten Salat.

Die Schweizer Kochkritikerin **Alice Vollenweider** hat diese Zubereitung ertüftelt. Ihr Ziel war eine leichte Fassung des schweren, mit Butter und Mehl, oder mit Camembert und Weißwein bereiteten Klassikers aus dem Pariser »Quartier des Halles«. Sie veröffentlichte es in »**Aschenbrödels Küche**«. Das Bändchen kam zuerst 1971 heraus und enthält Alltagsrezepte. Denn sie langweilte sich bei dem »Hollywood der Küche«. »Das einfachste Gericht ist das beste«, war einer ihrer Lieblingssätze. Mit gleicher Haltung formuliert die für ihre literarische Arbeit ausgezeichnete »Kurzschreiberin«, die u. a. Natalie Ginzburgs Familienlexikon übersetzte. Kochen war ihr zweites literarisches Standbein. Berühmt ist ihr Briefwechsel »Kulinaritäten« mit Hugo Loetscher, dem Schriftsteller, Literaturkritiker und Freund Friedrich Dürrenmatts.

Glacierte Zwiebeln

EIN REZEPT VON KARIN GÖTZ

Pro Person
½ Dutzend walnussgroße
Zwiebelchen oder Schalotten
Butter
Zucker
Fleisch- oder Gemüsebrühe
Salz
Pfeffer

1 Zwiebeln schälen und in einer Kasserolle mit reichlich Butter bei mäßiger Hitze rundum goldbraun anbraten.
2 Mit Zucker bestreuen, nochmals gut durchmischen und mit so viel kochender Fleisch- oder Gemüsebrühe ablöschen, dass die Zwiebeln knapp bedeckt sind.
3 Mit Salz und Pfeffer würzen und bei halb geschlossenem Deckel und gelegentlichem Umrühren etwa 20 Minuten leise köcheln lassen, bis die Flüssigkeit eine sirupartige Kon sistenz angenommen hat.

Vorratshaltung

Kluge Lagerhaltung ist konzentriert und effektiv. Gehamstert wird nur, was sich hält und garantiert verbraucht wird. Und was kontrolliert werden kann. Es nützt wenig, Äpfel zu horten, wenn sie mangels Pflege verfaulen. Andersherum ist selbstgemachte Marmelade gekaufter haushoch überlegen. Warum? Weil sie nicht nur gut schmeckt, sondern eine Währung ist, mit der manches bezahlt werden kann – vor allem Freundschaftsdienste. Was wieder zeigt: Vorratshaltung ist Ausweis einer Lebensform.

EINE UNIVERSALKONSERVE
Eingeweckte Tomaten sind eine Basis für schnelle Soßen, für allerhand Suppen und Aufläufe. Rezept auf Seite 177.

Noch vor fünfzig Jahren war Vorratshaltung das Charakteristikum eines ländlichen Haushalts. Und ein roman-tisches Bild dazu. Die Speisekammer gefüllt mit Säften und Gelees. In den Regalen glänzen Gläser voll Erbsen und Möhren. Alles wunderbar, wenn es die Person dazu gäbe, die man aus Märchen kennt: die Hausverwalterin, die mit Argusaugen über den Vorräten wacht, die rückt und faule Äpfel aussortiert.

Es gibt sie nicht oder nicht mehr. Landfrauen sind praktisch. Sie vergleichen Einsatz und Ergebnis. Was ist preiswerter? Die Marmelade aus dem Supermarkt oder aus der eigenen Küche? Was effektiver? Kohl pflanzen, düngen, gegen Ungeziefer verteidigen oder kaufen? Mit der Vorratshaltung verhält es sich wie mit der ganzen Selbstversorger-Gärtnerei: Nicht Rundum-versorgung ist der Plan, sondern die gezielte. Selbstversorger sind keine Autonomen, sondern Feinschmecker. Sie produzieren und sichern sich das, was nicht zu kaufen ist: Trüffelkartoffeln oder die seltene Bohne 'Mogette de Vendée'.

Und: Vorratshaltung ist Ausweis einer Lebensform. Die steht quer zu einer Ökonomie, in der Riesenlaster wie mobile Lager funktionieren. Sie wird durch Überlegen wirtschaftlich. Nicht dreißig Teesorten, nur eine, dafür die beste. Nur Großpackungen, dafür zum besten Preis. Die »Teekampagne« war ein studentisches Projekt, das auf private Lagerhaltung abstellte. Es wurde ein ökonomischer Erfolg. Auf Garten umgelegt heißt das: Geplantes Handeln spart Geld und hebt den Genuss.

Sieben Regeln, die zu beachten sind

1 Schon bei der Sortenwahl die Lagerfähigkeit bedenken. Bekanntes Beispiel: Kartoffeln. Die sogenannten Frühkartoffeln sind gut für den schnellen Ver-zehr. Zuverlässig lagern lassen sich nur Spätkartoffeln. Ähnliches gilt für Äpfel und Birnen. Sortenkenntnis verlängert den Genuss.

2 Obst und Gemüse ernten, wenn es noch nicht voll ausgereift ist, aber bereits intensiv duftet. Das ist besonders wichtig bei den Früchten, die für Konfitüren und Gelees bestimmt sind, denn sie brauchen ihr natürliches Pektin.

3 Vorräte bemessen und nicht mehr herbeischaffen, als der Haushalt verbraucht. Wenn frisches Apfelmus gekocht wird, mag keiner mehr das alte aus dem letzten Jahr.

4 Eingekochte und eingefrorene Vorräte mit Etiketten versehen. Keiner kann einem von Raureif beschlagenen Beutel ansehen, ob er Zucchini- oder Selleriewürfel enthält.

5 Kontrolle ist Pflicht. Das gilt für frisch bevorratete Gemüse und Früchte wie für Konserven.

6 Alle Vorräte innerhalb eines Jahres verbrauchen. Auch eingeweckte Früchte verändern danach Farbe und Geschmack.

7 Ist der Keller zu klein, zu warm und hell, und gibt es für eine Speisekammer oder Tiefkühltruhe keinen Platz, hilft alles nichts. Dann ist es sparsamer, Obst und Gemüse den Winter über in handlichen kleinen Portionen zu kaufen.

Einkochen

geht überraschend schnell, macht Spaß, ist kinderleicht – aber nicht unbedingt die wirtschaftlichste Konservierungsmethode.

Denn schon die Utensilien brauchen einen großen Schrank, wenn man sich nicht ständig mit Umstellen, Schieben und Rücken beschäftigen will. **Nötig sind:**
Erstens Gläser, Deckel, Gummiringe und Federklammern (älter: Bügel), wahlweise Gläser mit Schraub- und Twist-off-Deckeln. Alles verschieden groß.
Zweitens Gerätschaften wie Schüsseln zum Vorbereiten, ein Litermaß, scharfe Küchenmesser, evtl. Kirschkern-Entsteiner (funktioniert mit einer Gabel genauso), einen Einfülltrichter (geht auch ohne) und eine Zange, um die zugekochten Gläser aus dem heißen Wasser zu heben (man schafft es, vorsichtig, ebenfalls mit einem Geschirrtuch), den großen Einkochtopf, falls es nicht um kleine Mengen geht.

Sechs Handgriffe und Regeln fürs Einwecken

■ Früchte verlesen, säubern und eventuell, wie bei Kürbis, in mundgerechte Stücke schneiden.

■ Weckgut einfüllen, dabei das Glas nicht zu voll packen, sondern zwei Fingerbreit Platz unter dem Rand des Glases lassen. Flüssigkeit und Weckgut dehnen sich beim Erwärmen aus. Früchte mit Wasser, Zucker- oder Gewürzlösung knapp bedecken. Schließen.

■ Gläser in den Wecktopf stellen. Darauf achten, dass sie sich nicht berühren. Wasser einfüllen, bis es ein bis zwei Fingerbreit unter den Gläsern steht (bei übereinandergesetzten Gläsern gilt das für die oberen) und erhitzen, bis es siedet, aber nicht sprudelt, was je nach Einfüllgut bei 80 bis 90 °C erreicht ist. Erst dann beginnt die **Einkochzeit** von 20 bis 30 Minuten (Rhabarber 20, kleine und weiche Beeren 25, Birnen, Äpfel, Quitten, Steinobst 30 Minuten).

Eine Alternative ist das Einkochen im Backofen. Dazu die Fettauffangschale auf die unterste Schiene im Backofen schieben, circa 2 Zentimeter hoch mit Wasser füllen, Backofen auf 90 °C vorheizen. Gläser ins Wasserbad stellen. Weckgut 20 bis 30 Minuten lang bei stabiler Temperatur einkochen.

■ Weckgut behält seine Farbe, wenn es mit einem Anteil Zitronensirup eingemacht wird. Zitrone wirkt als Antioxidans, schützt vorm Braunwerden. Man kennt das vom Sellerie- oder Apfelschälen.

■ Erfolgreich war das Einwecken, wenn sich nach dem Abkühlen und Entfernen von Bügel oder Klammern der Deckel beim Hochheben nicht vom Glas löst. Schraubdeckel wölben sich durch das entstandene leichte Vakuum nach unten.

Fonds und Sirupe zum Aromatisieren

Zitronensirup

Statt Wasser und Zucker beim Einwecken von Obst getrennt in die Gläser zu geben – was die simpelste Methode ist –, optimiert ein mit Zitronensaft hergestellter Sirup den Geschmack und erhält die Farbe.
Wahlweise 2 Tassen Zucker, 1, 2 oder 4 Tassen Wasser und 1 bis 2 EL frischen Zitronensaft.
Zutaten in einem kleinen Stieltopf unter Rühren erhitzen, bis sich der Zucker aufgelöst hat. 1 Minute bei mittlerer Hitze und unter Rühren weiterkochen.

Fruchtfond

Auch Fonds heben das Aroma von eingeweckten Früchten. Sie sind einfach und aus den Resten der Zubereitung herzustellen. Siehe Seite 27.

Gewürzbirnen

Zutaten
1 Kilo Birnen
(etwa 8 Stück)
für den Läuterzucker
500 g Zucker
500 ml Wasser

Sud:
2 Nelken
2 Lorbeerblätter
2 Pfefferkörner
½ Zimtstange

Zubereitung

1 Wasser und Zucker zu Läuterzucker klar kochen. Birnen schälen (dabei Stiele dran lassen, dass sieht nett aus) und in den Sud legen. Damit wird verhindert, dass sie braun werden.

2 Nelken rösten. Alle Gewürze mindestens 30 Minuten zum Fond auskochen.

3 Einen Fond aus den Schalen und Kerngehäusen der Birnen kochen. Am besten über Nacht stehen lassen, dass macht das Aroma komplexer.

4 Den Birnenfond mit Läuterzucker und Gewürzfond abschmecken. Die Birnen in ein Weckglas stellen, übergießen und im Wasserbad bei 90 °C im vorgeheizten Backofen einwecken.

Beilage zu Kartoffelpüree oder Rinderbraten, Wild, Ente oder Gans.

Variante
Sollen es statt Gewürz- lieber süße Birnen werden, einen anderen Würzfond fertigen.
Zutaten sind: ½ Nelke, 2 Fenchelsamen,
2 Korianderkörne, ½ Vanillestange
Alles Übrige wie oben beschrieben.

Beilage zu Milchreis, Quarknocken, vielleicht auch Kartoffelpfannkuchen.

Tomaten

Zutaten
1 kg Fleischtomaten
2 Lorbeerblätter
2 l Wasser
½ TL Salz
½ TL Zucker

Zubereitung

1 Praktisch ist, drei Töpfe bereitzustellen. Einen tiefen Topf für heißes Wasser, einen zweiten für Eiswasser (Kühlkissen aus dem Tiefkühler verwenden) und eine Vier-Liter-Sauteuse für die Tomatenhäute. Tomaten in heißem Wasser blanchieren, in Eiswasser abschrecken, von der Haut befreien, vierteln (dabei den Stielansatz entfernen, er enthält giftiges Solanin) und die Stücken in Weckgläser füllen. Ruhig etwas herunterdrücken, sonst passt zu wenig hinein.

2 Aus den Tomatenhäuten, Wasser, Salz, Lorbeer und Zucker einen kräftigen Sud herstellen, das heißt: 15 Minuten köcheln lassen, eine Stunde ziehen lassen, passieren, noch einmal aufkochen und die Gläser bis zwei Fingerbreit unter dem Rand auffüllen.
Auch überreife Tomaten bilden, mit Zucker bedeckt, über Nacht einen sirupartigen Sud, aus dem ein Fond gezogen werden kann.
Wenn gewünscht, mit einem Gewürzfond (Seite 51) abschmecken.

3 Gut verschließen und im Backofen bei 130 bis 160 °C gute 30 Minuten lang einwecken. Gut geht das, wenn man kochendes Wasser in die Fettauffangschale gießt, die Gläser hineinsetzt und die Gläser mit nassem Zeitungspapier abdeckt. Das sorgt dafür, dass die Weckringe nicht verbrennen.

Das eingeweckte Tomatenfleisch hält ein Jahr.
Es nutzt für eine feine sämige Tomatensoße, als Grundstoff für Suppen, für Aufläufe oder ein Tomatensorbet.

Tiefkühlen

spart Zeit, schont Aroma- und Nährstoffe. Es ist die modernste Form der Lagerhaltung und ersetzt eine – kleine – Speisekammer.

Der Rhabarber steht noch voller Stangen, aber wir haben schon zu oft Grütze gegessen. Die Kirschen warten nicht mit dem Reifen, bis die Zeit ausreicht, um sie zu Marmelade zu verarbeiten. Pflaumen sind plötzlich im Überfluss da, aber fürs Muskochen ist in der Küche kein Platz: Die schnellste, wirtschaftlichste und einfachste Art, **gegen den Garten Zeit zu gewinnen**, ist das Einfrieren.

In der Tiefkühltruhe können Himbeeren gesammelt werden. Um im Winter den Rumtopf zu strecken, kann man zur Reifezeit gefertigtes Erdbeerpüree und frischen Apfelsaft für die Weihnachtstage darin lagern. Aber das eiskalte Lager fordert **Kontrolle** und das noch mehr als herkömmliche Vorratsräume. Wer erinnert schon nach einigen Monaten, was er alles in ihm geborgen hat. Und Tieffrieren macht nicht auf Ewigkeit haltbar. Ein Monat oder zwei Monate, ein halbes oder sogar ein ganzes Jahr: Die verschiedenen Früchte und Gemüse und die Zubereitungen aus ihnen haben unterschiedliche Fristen, in denen sie ihr Aroma behalten.

AUFTAUEN ÜBER NACHT und besser im Kühlschrank, das erhält Früchten und zubereiteten Gemüsen die Qualität. Frisches Gemüse kommt dagegen gleich, noch gefroren, ins heiße Wasser.

Gut organisierte Menschen haben für ihre Truhe ein Lagersystem entwickelt:

- Sie führen Buch oder eine Schiefertafel mit Inhaltsangabe und zugeordneten Datumsangaben.
- Sie wählen eine Kombination aus Einfrierschachteln und Tüten, um möglichst viel möglichst wirtschaftlich in den Schrank hineinzubekommen.
- Sie achten darauf, dass blanchierte Bohnen oder entsteinte Kirschen flach im Beutel liegt, so lassen sie sich wie die Dosen stapeln.
- Sie reservieren verschiedene Farben für verschiedene Zwecke, lassen zum Beispiel alle roten Deckel Früchte signalisieren, alle blauen Gemüse.

Regeln und Handgriffe, die Geschmack und Struktur erhalten

Weiche Früchte wie Erdbeeren und Himbeeren nur trocken ernten. Wenn sie sauber aus dem Garten kommen, ist es nicht nötig, sie zu waschen. Gut ist, sie auf einem Blech ausgebreitet einzeln einzufrieren (vorfrosten) und danach abzupacken. Das schont Aussehen und Qualität.

Äpfel und Birnen nur zu Saft oder Mus verarbeitet einfrieren. Man könnte sie zum Tiefkühlen auch schälen, in Schnitze teilen und blanchieren, doch um das zu tun, müsste die Truhe sehr groß sein.

Gemüse jung und zart ernten und nur blanchiert einfrieren. Das erhält Farbe, Geschmack und Nährwert.

Mit Zuckersirup präparieren (pochieren), das bewahrt kleinen Früchten und Obststücken Geschmack und Form. Dünn- bis dickflüssige Zuckerlösungen herstellen und über die rohen Früchte gießen. Pochierte Früchte vollständig abkühlen lassen. Vor dem Einfrieren Zitronensaft dazugeben.

Pürees bereiten, das spart Platz. Geeignet sind Himbeeren, Erdbeeren oder Tomaten.

Kleine Portionen einfrieren, am besten auf Mahlzeiten abgestimmt. Darauf achten, dass wenig Luft im Beutel ist. In aufgeblähten, zu großen Hüllen bilden sich Eiskristalle, die die Qualität mindern.

Auftauen im Kühlschrank und über Nacht. Das erhält bei Obst und zubereitetem Gemüse die Qualität. Ansonsten Gemüse sofort in kochendes Wasser geben.

Kältezeiten und Einfriermethoden

Früchte

Äpfel nur verarbeitet als Mus oder 100-prozentiger Saft, bis 10 Monate.
Birnen nur verarbeitet als Mus oder Kompott, ein knappes Jahr.
Erdbeeren einzeln vorgefroren oder als Püree, ein knappes Jahr.
Himbeeren einzeln vorgefroren oder als ungesüßtes Püree, ein knappes Jahr.
Johannisbeeren einzeln vorgefroren oder als Püree (Püriersieb benutzen und nicht den Mixer, damit die Kerne entfernt und nicht klein gemahlen werden), ein gutes halbes Jahr.
Pflaumen siehe Zwetschgen. Die sogenannten Edelpflaumen, also Renekloden und Mirabellen, eignen sich nicht.
Rhabarber geputzt und in Stücke geschnitten, ein knappes Jahr, wird beim Auftauen matschig.
Sauerkirschen entsteint ein gutes halbes Jahr.
Stachelbeeren vorgefroren, ein gutes halbes Jahr.
Zwetschgen entsteint, gewaschen und halbiert, ein knappes Jahr.

Gemüse

Auberginen geputzt, in Scheiben blanchiert, bis zehn Monate.
Bohnen blanchiert, ein knappes Jahr.
Brokkoli blanchiert und vorgefroren, Röschen und Stängelteile (sie sind bei Broccoli ebenso lecker und nahrhaft wie die Röschen) einzeln, ein knappes Jahr.
Erbsen ausgepalt, ein knappes Jahr.
Fenchel geviertelt, in Zitronenwasser blanchiert, bis 7 Monate.
Gurken haben zu viel Wasser, besser einwecken.
Kohlrabi gewürfelt, blanchiert, ein knappes Jahr.
Kürbis püriert, zwei Monate.
Möhren blanchiert, ein knappes Jahr.
Porree in Scheiben geschnitten, blanchiert, bis 10 Monate.
Rosenkohl geputzt und blanchiert, ein knappes Jahr.
Tomaten Soße oder Püree, bis zehn Monate.
Spargel frisch essen.
Spinat blanchiert, ein knappes Jahr.
Zucchini nur gewürfelt, wenn zu viel vorbereitet wurde (zum Beispiel für Tomatensuppe).
Zwiebeln trocken lagern.

Einlagern

erhält Geschmack und Vitamine besser als Einfrieren. Doch nötig sind geeignete naturkühle Räume. Wer sie nicht hat, kann sie durch trickreiches Wirtschaften im Garten teilweise ersetzen. Geschickte Sortenwahl liefert Vorräte bis ins Frühjahr.

Keller

Kühl, feucht und dunkel: Das sind die Merkmale des perfekten Raums zum Einlagern von Kartoffeln, Äpfeln, Sellerie, Möhren und was der Garten für den Winter noch so hervorbringt. Das alte Pfarrhaus, das wir restaurieren, hat einen alten Gewölbekeller, aus Bruchstein aufgesetzt, bombenfest, vierzehn Stufen unter der Diele, mit einem Eingang von außen und einem vom Hausinneren. Eigentlich ideal für Vorräte, für Kisten voller Knollen und Wurzeln, für die Weckgläser und Weinflaschen. Denn er ist feucht und kühl. Doch wenigstens einmal im Jahr, wenn die Mulde Schmelz- und Regenwasser führt, steht er halb unter Wasser und nutzt uns leider nichts. Nützlicher wäre allerdings auch kein moderner Keller, denn der ist in der Regel isoliert und auch noch beheizt. Schlecht für Selbstversorger.

Erdkeller

Ideal für die Ernte wäre der Erdkeller, der sich hinter dem Haus im Garten befindet. Er besteht aus einem zu gut zwei Dritteln in den Boden versenkten, aufgesetzten Gewölbe, in das sechs Stufen hinabführen. Unklar, wer es und wann baute. Es ist sicher an die hundert Jahre alt. Von außen sieht es schauderhaft aus. Gras und Goldrute, die sich selbst ausgesät haben, wachsen auf ihm. Die Seitenwände sind teilweise eingefallen, ebenso der Sturz über der Tür. Die Tonpackung auf dem Erdkeller ist fehlerhaft. Wasser konnte eindringen und hat das Mauergefüge gesprengt. Doch im Inneren steht unversehrt das Gewölbe. Wir werden es wieder herrichten, sobald etwas Zeit übrig ist. Denn so ein Erdkeller ist frostfrei und hält durch das ihn umgebende Erdreich ein gleichmäßig kühles und feuchtes Klima. Es gibt nichts Besseres, um Kartoffeln, Wurzeln, Rüben aller Art zu überwintern – Dahlienknollen eingeschlossen. Ein Erdkeller ist eindeutig eine Einrichtung aus Zeiten und Zusammenhängen, in denen der Garten auf den Nutzen ausgelegt war. Er ist nicht schön, kein Blickfang, und braucht gehörigen Platz. Wer würde sich heute so ein ungelenkes Etwas in den Garten setzen? Wer kann überhaupt Gewölbe aufsetzen? Die nötigen Wartungsarbeiten durchführen. Gut, wenn der Keller einfach da ist.

Nebengebäude

Zu dem alten Pfarrhaus gehört auch ein lang gestrecktes Gebäude mit Scheune, Werkstatt, dem früheren Schweinestall, heute unser Holzlager, und einem Raum, der unseren Vorgängern als Garage diente. Den haben wir vorerst in ein Lager verwandelt und horten dort – unter alten Teppichen gegen Frost geschützt – Kartoffeln, Quitten und Äpfel. Wir haben Glück. Denn in welchen modernen Gebäuden gibt es unbeheizte und luftfeuchte Räume? Kein Architekt hat das Ziel, Vorratsräume für eine vorausschauende Lagerhaltung zu bauen.

Erdmiete

Eine mögliche Alternative ist der Bau einer Miete im Garten. Das ist ein mit Stroh und Sand vor Frost geschützter Hügel, in dem vor allem Wurzelgemüse aufbewahrt werden. Die Konstruktion ist simpel: Man hebt eine Grube aus, legt sie als Erstes mit kleinmaschigem Hühnerdraht als Schutz gegen Mäuse aus (oder nutzt alte Waschmaschinentrommeln als Schutzraum), packt eine Schicht Stroh und Sand hinein, deponiert die Wurzeln, legt noch einmal Stroh drauf, deckt mit Sand ab. Portionsweise und auf den Wochenbedarf zugeschnitten werden die Wurzeln und Rüben ins Haus geholt. Will man es besonders gut machen, lagert man sie in mit Sand gefüllten Eimern zwischen. Das hört sich einfach an. Trotzdem: Was ist das für ein Aufwand, wenn nicht glückliche Umstände die Utensilien zum Bau von Mieten bereitstellen? Wer will sich jedes Jahr die Buddelei zumuten? Das Suchen nach Strohklappen, die Schlepperei mit Sandsäcken vom Baumarkt. Und nicht jedes Gemüse lässt sich in Mieten einlagern.

Frühbeet

Praktischer ist das Frühbeet. Fest installiert oder flexibel mit Brettern auf leer geräumten Beeten eingerichtet, lässt sich dieser zum Anziehen von Pflanzen eingerichtete Kasten mit ein paar Klappen Stroh, mit Reisig und Laubschütten in einen flachen Lagerraum verwandeln. Gut für Wurzeln, Rüben und Sellerie.

Wintergemüse

Bleibt das trickreiche Wirtschaften im Garten. Es gibt vitaminreiche, leckere Wintergemüse, die im Beet stehen bleiben und bei Bedarf geerntet werden: Dazu gehören die Klassiker Grünkohl und Rosenkohl, in eingeschränktem Maß auch Winterwirsing, zum Beispiel in der Sorte 'Winterfürst'.

Der dünnschalige Topinambur lässt sich kaum einlagern, dafür aber von November bis März/April direkt aus dem Beet ernten. Meerrettich kann ebenfalls im Boden bleiben, er ist vollkommen winterhart und entfaltet im Herbst und Winter sein schönstes Aroma. Schwarzwurzeln sind absolut winterfest. Sie sind spröde und müssen vorsichtig ausgegraben werden, damit sie nicht brechen. Der Milchsaft, der sie schmackhaft macht, darf nicht entrinnen. Auch Porree in den entsprechenden Sorten gehört zu den Wintergemüsen. Wichtig: Damit die Wurzel- und Knollengemüse sich auch bei Minustemperaturen aus dem Boden graben lassen, Beete dick mit Laub, Stroh oder Tannenreisig abdecken.

Darüber hinaus arbeiten Saatgärtner wie besonders Ludwig Watschong verstärkt an der Auslese von Gemüsesorten, die bisher eingeschränkt frostfest sind. Herbstrüben zum Beispiel.

Einlagern lassen sich neben Äpfel und Birnen vor allem die von der Natur angelegten Vorratsorgane etlicher Pflanze: Dazu gehören Rüben, Knollen, Kerne und Nüsse. Sie treiben nach der Vegetationsruhe aus, sobald es warm, feucht und hell wird. Die Aufgabe ist, sie vor Bedingungen zu schützen, die ihnen Frühling signalisieren. Außerdem dürfen sie nicht faulen. Gut sind 0 bis 5 °C, bei solchen Temperatur verlangsamen sich Atmungsprozesse, und Fäulniserreger arbeiten langsamer. Dabei gilt: Für das Winterlager kommt nur erste Wahl infrage, makellos – und zwar gereinigt, aber ungewaschen.

Äpfel mit Stiel ernten, beim Ernten und Einlagern nicht anstoßen, einen möglichst kühlen Ort zum Aufbewahren wählen. Nur die makellosen am besten in flache Kästen legen, sodass sie sich nicht berühren. Derart sorgfältig und wie die Prinzessin auf der Erbse behandelt, halten entsprechende Apfelsorten glatt und schön bis zum Frühjahr. Luxusbedingungen? Es geht auch in flachen Kisten übereinander, doch dann müssen die Früchte noch sorgfältiger und öfter kontrolliert und durchsortiert werden. Es lohnt sich nicht, Äpfel mit scheinbar nur äußerlichen Schorf- und Pilzstellen einzulagern. Geschält erscheint der Äpfel zwar anfangs intakt, doch er fault unweigerlich nach wenigen Wochen. Äpfel dünsten Kohlendioxid aus, das bringt sie zum schrumpeln und Kartoffeln zum Keimen. Also: Äpfel getrennt von Gemüse aufbewahren und um das Schrumpeln zu verlangsamen, einen aufgeschnittenen Sack Kalk in ihre Nähe legen. Gute Lagersorten sind 'Boskoop', 'Berlepsch', 'Finkenwerder Herbstprinz', 'Winterglockenapfel' . Doch es gibt noch viel mehr. Der Baumschuler kennt sie.
■ Lagerzeit: je nach Sorte bis April.

Birnen lassen sich nicht so gut lagern wie Äpfel. Ihre Zeit ist begrenzt und sie bekommen leichter Druckstellen. Tafelbirnen, die vor der Genussreife geerntet werden, wie rohe Eier einzeln in Zeitungspapiermanschetten und auf weichen Untergrund legen. Es lohnt sich, denn eine saftige 'Vereinsdechant' oder 'Gute Louise' (beide Pflückreife Oktober, Genussreife bis November) ist ein Dessert für Feinschmecker. Daneben gibt es die unempfindlicheren Wirtschaftsbirnen wie die mitteldeutsche 'Speckbirne', prima für Bohnen, Birnen und Speck. Wie bei den Äpfeln zählt für Selbstversorger die gezielte Sortenwahl.
■ Lagerzeit: je nach Sorte einige Wochen. Auch die sogenannten Winterbirnen, die ihre Genussreife Mitte November erreichen, halten nicht viel länger.

Bohnen ernten, wenn sie rascheltrocken sind. Das heißt, das Laub ist vergilbt, die Hülsen fühlen sich papierartig an, sind noch nicht aufgeplatzt und rascheln, wenn man sie schüttelt. Wer den Platz hat in einer kleinen Scheune oder einer Garage, kann ganze Stängel mit Hülsen trocken, kühl und luftig aufhängen und die Bohnen nachtrocknen. Wenn im frühen Winter Zeit ist, die Körner auspalen und splittertrocken in Leinenbeutel füllen. Nicht bis zur Aussaat im nächsten Frühjahr so aufbewahren, denn »in den Hülsen hat man keine Kontrolle über Vorratsschädlinge wie den Bohnenkäfer«, sagt die Saathändlerin Ulla Grall.
Nicht alle Bohnen eignen sich als Trockenfrucht. Reine Schnippelbohnen, wie etwa 'Berner Butter', werden eingefroren oder eingeweckt. Zum Einlagern geeignet sind alle Zwiebohnen, also solche die man frisch als Hülse und als Korn essen kann. Das sind 'Klosterfrauen' oder 'Neckarkönigin'. Und spezielle Lagerbohnen wie die berühmte 'Tarbais' (die klassische Bohne fürs Cassoulet) oder die von Ulla Grall empfohlene 'Mogette de Vendée', eine für den Regionalanbau geschützte Sorte, die aber im Hausgarten wachsen darf.
■ Lagerzeit: Bohnen behalten drei bis vier Jahre ihre Keimfähigkeit, aber zum Verzehr sollte man nur einen Vorrat für ein maximal zwei Jahre anlegen. Sie sind zwar länger genießbar, aber die Einweichzeit wird länger. Wichtig: Das Wasser zum Einweichen der Bohnen niemals salzen, sonst funktioniert die Osmose nicht (siehe Seite 27). Und auch beim Garen wird Salz erst zum Schluss zugegeben.

Erbsen werden in Zucker-, Mark- und die sogenannten Schal- oder Palerbsen unterschieden. Nur die letzten eignen sich zum Trocknen, man erkennt sie an der glatten Samenhaut. Erbsen strauchweise an einem luftigen Ort zum Nach-trocknen aufhängen; wenn die Hülsen ausgereift sind, auspalen. Ertrag circa 300 Gramm von 1 Kilogramm Erbsen mit Hülse. Trocken und dunkel aufbewahren. Empfehlenswerte Sorten sind 'Douce de Provence' (Pro specie rara), 'Feltham First' (Raiffeisen), 'Grüne Schnabel' (Dreschflegel).

■ Lagerzeit: (sechs Monate bis) ein Jahr.

Fenchel Für die Ernte im Herbst geeignete Sorten sind 'Zefa Fino' (Sommer und Herbst), 'Zefa Tardo', 'Di Firenze' (alte Traditionssorte) und 'Amigo', ein F_1-Hybrid. Fenchel erträgt leichten Frost. Geerntet wird etwa bis Anfang November. Kühl und luftig gelagert, eventuell in Sand eingeschlagen

■ Lagerzeit: bis zu sieben Wochen.

Grünkohl ernten, nachdem das Thermometer das erste Mal unter 0 °C gefallen ist. Er bleibt den Winter über im Beet stehen, bis ihm wiederholte kräftige Fröste den Garaus machen. Das Herz, also die obersten kleinen Blätter, stehen lassen. Es wächst in milden Jahren weiter.

Kartoffeln müssen separat lagern. Erstens weil sie Fremdgerüche speichern. Zweitens, weil sie es kühl, aber nicht kalt brauchen. Während vielen Gemüsen ein oder zwei Minusgrade tolerieren, schaden sie Kartoffeln. Gut ist ein kühler Ort mit optimalen 4 °C. »Bei weniger als drei Grad Celsius fangen sie an, süß zu werden. Ab unter null Grad erfrieren sie langsam und sind beim Auftauen matschig«, sagt Kartoffelbauer Karsten Ellenberg. Und es muss dunkel sein, im Licht vergrünen Kartoffeln. Sie bilden das giftige Solanin aus. Die Knollen fürs Lager nicht waschen, anhaftende Erde konserviert. Kartoffeln halten Druck gut aus. Bei Karsten Ellenberg liegen sie problemlos in großen Kisten bis zu 1,20 Metern übereinander. Bei den Sorten unterscheidet man Früh- und Spätkartoffeln. Zum Einlagern eignen sich nur die späten. Leckere Sorten sind 'La Bonnotte', 'Ackersegen', 'Bamberger Hörnchen', 'Rosa Tannenzapfen'.

■ Lagerzeit: bis April, einige Sorten bis Mai.

Kopfkohl gehört zu den klassischen Wintergemüsen, doch einlagern lässt sich nur der sogenannte Kopfkohl, also Rot- und Weißkohl sowie Wirsing und auch hier kommt es auf die richtige Sortenwahl an. Brokkoli dagegen hält sich geerntet nur Tage. Rosen- und Grünkohl halten Frost aus. Sie bleiben draußen auf dem Beet. Wichtig ist, dass Kopfkohl absolut trocken und mit Strunk geerntet wird. Intakte Köpfe entweder liegend, Stiel nach oben auf Stiegen, in Sand oder Erde eingeschlagen oder kopfüber und am Strunk hängend lagern. Siehe im Einzelnen unter Rosen-, Rot-, Wirsing- und Weißkohl.

Kürbis, die Panzerbeere im Ganzen kühl und feucht lagern, dabei den Stiel an der Frucht lassen. Große Kürbisse sacken früher oder später durch ihr Eigengewicht zusammen und faulen. Empfehlenswert, weil auch die Schale mitgegessen werden kann, ist der aus Japan stammende Hokkaido-Kürbis.

■ Lagerzeit: je nach Sorte bis zu drei Monaten.

Meerettich ist absolut winterhart und entwickelt im Herbst und Winter draußen sein bestes Aroma. Eingelagert verliert er langsam seine Schärfe. Doch er lässt sich bei Bedarf in kühlem trockenem Sand bevorraten (bis - 5 °C), bei größerer Kälte wird er gummiartig; vorher Faserwurzeln entfernen, da er sonst austreiben könnte.
■ Lagerzeit: ein paar Wochen.

Möhren lassen sich sehr gut und am besten liegend in Sand lagern. Sie müssen allerdings völlig gesund sein, keine Wurmgänge haben und keine Schadstellen, an denen sie unweigerlich faulen.
■ Lagerzeit: den Winter über.

Nüsse sorgfältig durchsortieren und vier Wochen gründlich, aber nicht auf der Heizung trocknen, anschließend an einem kühlen, trocknen Ort mäusesicher aufbewahren.
■ Lagerzeit: ein Jahr.

Petersilienwurzeln vertragen zwar etwas Frost, halten sich aber in kühlem Sand eingeschlagen gut.
■ Lagerzeit: den Winter über.

Porree ist ein klassisches Wintergemüse, das im Garten stehen bleibt. Seine langen Schäfte müssen vorsichtig ausgegraben werden. Beete darum mit Reisig oder Stroh abdecken, sodass auch bei Minusgraden der Boden möglichst lange offen bleibt. Für die besonders kalte Zeit lassen sich einige Stangen in mit Sand gefüllten Eimern im kühlen Raum aufbewahren.
■ Lagerzeit: etwa zehn Tage.

Rosenkohl lässt sich von November bis Januar, manchmal Februar ernten. Zu kleine Röschen stehen lassen, sie wachsen weiter.
■ Lagerzeit: gekühlt etwa drei Wochen.

Rote Bete mit größter Vorsicht ernten. Sie dürfen nicht verletzt werden, da sie sonst »ausbluten«. Deshalb fünf cm lange Stängelstummel stehen lassen. In einer Kiste oder einem Kübel voller Sand einmieten. Praktisch sind PVC-Kübel, die Maurer zum Anrühren von Putz nehmen. Man bekommt sie rund und rechteckig im Baumarkt. Es gibt auch Weiße Bete 'Albina vereduna' und Gelbe Bete 'Burpee's Golden Globe' (beide bei Dreschflegel).
■ Lagerzeit: bis zum Frühjahr.

Rotkohl der Sorte 'Roodkop' (Synonym 'Schwarzkopf 2' bei Dreschflegel u. a.) bildet schwarzrote, runde, feinrippige und nicht zu wuchtige Köpfe, die sich gut einwintern lassen.
■ Lagerzeit: zwei bis drei Monate.

Schwarzwurzeln sind frostfest und am leckersten, wenn sie bei Bedarf aus dem Beet geerntet werden. Wer im Garten Wühlmäuse hat, mietet sie besser in kühlem, feuchtem Sand ein. Sie sind nicht leicht schadlos zu ernten. Daher am besten neben den Schwarzwurzeln einen Graben ausheben und sie dann zum Freien hin abgraben.
■ Lagerzeit: den Winter über.

Sellerie, ebenfalls ein Knollengemüse, kann bis in den frühen Winter geerntet werden. Die Knollen kühl und stehend in feuchtem Sand lagern, die kleinen Herzblätter nicht abschneiden. Besonders empfindlich ist der Blattansatz, wo der Sellerie leicht zu faulen anfängt – unter Umständen schon, wenn die Luft zu feucht ist. Er soll frei bleiben.
■ Lagerzeit: bis Januar, Februar.

Weißkohl gibt es in mehreren Lagersorten, zum Beispiel 'Amager' (Dauerweißkohl, Baldur u. a.), 'Marner Lagerweiß' (Dreschflegel) und 'Bergkabis (alte Schweizer Sorte, Köpfen, bei Zollinger)

■ Lagerzeit: zwei Monate.

Wirsingkohl übersteht mehr Minusgrade als Weiß- und Rotkohl und kann länger direkt vom Beet geerntet werden. Fürs Lager gut sind Sorten wie 'Hammer' und 'Dauerwirsing' (Dreschflegel).

■ Lagerzeit: bis Januar.

Zwiebeln und Schalotten werden geerntet, wenn das Laub vergilbt. Damit sie im Lager nicht faulen, müssen sie gründlich, das heißt zwei Wochen, gern im Heizungskeller, getrocknet werden. Trockene Zwiebeln am besten in kleinen Netzen – nicht zu viele beieinander – an einem trockenen, kühlen und luftigen Ort, etwa im Schuppen, aufhängen.

■ Lagerzeit: bis Ende März.

WINTERLAGER
Schalotten und Kartoffeln in den Kellern von Ludwig Watschong. Auch Saatkartoffeln leitet er seit Jahren aus den eigenen eingelagerten Beständen ab. Damit das gelingt: Während der Vegetationsperiode streng darauf achten, dass die Pflanzen gesund sind. Jedes kranke Exemplar sofort aussortieren und vernichten, den gesunden Kartoffeln Kompost geben.

Marmelade kochen

ist reines Vergnügen und der Anfang aller Kochkünste, denn kaum etwas ist einfacher und von sichererem Erfolg bekrönt.

Zugegeben, die ungetrübte Freude ist Marmeladekochen nur mit eigenem Garten und einem Lager verschieden großer Gläser, am besten viele kleine. Müsste man alles kaufen, würde das Ganze eine teure Angelegenheit. Ein neues Glas kostet 70 bis 90 Cent, inklusive Deckel. Ein neuer Deckel gut 50 Cent. Die Früchte sind in ihrer Saison am preiswertesten. Trotzdem kommen pro Pfund Eurobeträge zusammen. Pflücken, transportieren, auf Lager halten, alles kostet. Dazu der teure Zucker. Überschlägig ergibt das pro Glas schnell fast zwei Euro.

Die Gegenrechnung ist vergnüglicher. Das Obst ist umsonst. Die Gläser bestehen aus einer Sammlung, die über die Jahre wächst. Einen Deckel kann man zwar zwei-, dreimal verwenden, aber dann muss ein neuer herbei. Hier schlagen schon mal circa 50 Cent zu Buch. Viel billiger und geringfügig komplizierter wird es mit dem traditionellen Zellglaspapier. Es ist überall da zu kaufen, wo es Zubehör fürs Einwecken gibt. Bleibt der Zucker. Gut 1 Euro auf vier bis fünf Gläser – das ist der Einsatz.

Extra Utensilien braucht man, anders als beim Einwecken, fürs Marmeladekochen kaum. Entscheidender ist, dass man sie aus dem ganzen Haus zusammentragen muss. Wichtig ist in meinem Fall die Lesebrille, denn Präzision ist nötig. Eine Uhr, weil die Kochzeit festgelegt ist. Eine Waage, weil das Verhältnis von Gelierzucker zu Fruchtmenge eingehalten werden muss. Ein großer Topf und ein Holzlöffel mit sehr langem Stiel, denn in den drei bis vier Minuten Kochzeit blubbert und spritzt das Gemenge und schäumt bis auf das Dreifache seiner ursprünglichen Menge auf. Gut ist auch irgendetwas zum Einfüllen der heißen Masse in die Gläser. Eine Kelle mit Gießschnabel wäre prima. Es gibt auch Trichter als Einfüllhilfe. Letztendlich kriegt man es auch mit der Suppenkelle hin. Außerdem braucht man ein nicht zu kleines, frisches Tuch, denn der Glasrand muss vorm Verschließen lupenrein sauber sein. Das Problem ist später nicht, dass die Marmelade verdirbt, sondern dass der Deckel auf dem Glas festklebt.

Bereitzustellen sind also: Uhr, Waage, großer Topf, Holzlöffel mit extralangem Stiel, eventuell Kelle, Gläser, Deckel, ein feuchtes sauberes Tuch und die Früchte, der Zucker, etwas Zitrone oder Vanille.

Die Prozedur dauert, wenn erst einmal alles beieinander ist, im Kern nur eine knappe halbe Stunde. Aufeinander folgen fünf einfache Schritte:

- Gläser heiß abwaschen und – am besten auf einem Handtuch – neben dem Herd bereitstellen. Ebenso die Uhr mit gut sichtbarem Minutenzeiger.
- Die vorbereiteten Früchte und den Gelierzucker unter Rühren zum Kochen bringen, dann je nach Information auf der Zuckerpackung 3 bis 4 Minuten unter weiterem Rühren brodelnd kochen lassen. Schaum, falls er sich bildet, abschöpfen. Er ist nicht schädlich, kann aber der Grund sein, warum sich später im Glas Schimmelpilze bilden.
- Kochgut sofort randvoll in Gläser füllen.
- Kontrollieren, ob der Rand sauber geblieben ist , und, wenn nötig, abwischen.
- Sogleich den Deckel aufsetzen, erst einmal locker zuschrauben und dann kräftig, wenn die vier oder fünf Gläser gefüllt sind und man mit einem um die heißen Dinger gelegten Handtuch ordentlich zupacken kann.

Rhabarber

Zutaten

1 kg Rhabarber
500 g (1 Packung) Gelierzucker 2 : 1
1 Vanillestange

Zubereitung

1 Den Rhabarber mit einem Tuch abwischen und in nicht zu kleine Stücke schneiden. Wenn er frisch aus dem Garten kommt, braucht er nicht geschält zu werden.
2 Die Stücke in einer Schüssel mit dem Gelierzucker bedecken und gute 8 Stunden oder über Nacht stehen lassen.
3 Nach dieser Zeit hat der Rhabarber Saft gezogen. Alles vermengen, das Vanillemark (oder die ausgeschabte und in 2 – 3 cm lange Stücke geschnittene Stange, beides reicht für je eine Partie) dazugeben, unter vorsichtigem Rühren aufkochen (möglichst viele Stücke sollen erhalten bleiben), 3 Minuten brodeln lassen.
4 Randvoll in Gläser füllen und verschließen.

Kirsche

Zutaten

1 kg Sauerkirschen, lecker sind Weichselkirschen
500 g (1 Packung) Gelierzucker 2 : 1

Zubereitung

1 Kirschen entsteinen, alle schadhaften Früchte aussortieren. Den Saft auffangen und mit wiegen.
2 Kirschen und Saft mit dem Gelierzucker vermengen, unter Rühren zum Kochen bringen, weiter unter Rühren 3 Minuten brodeln lassen.
3 Sogleich in Gläser füllen, zuschrauben.

Stachelbeere

Zutaten

1 kg Stachelbeeren, besonders schmackhaft und optisch schöner ist, wenn rote, grüne und gelbe Sorten gemischt werden können, gern unreifere.
500 g (1 Packung) Gelierzucker 2 : 1

Zubereitung

1 Die Stachelbeeren putzen, das heißt Stängel und Bart entfernen. In einer Schüssel mit dem Gelierzucker mischen und über Nacht stehen lassen. Der Zucker zieht aus den harten Beeren zwar nur minimal Saft, aber es reicht.
2 Am nächsten Tag unter Rühren aufkochen. Das ist mit den noch intakten Beeren erst mühsam, wird aber mit zunehmendem Erwärmen leichter. 4 Minuten unter weiterem Rühren brodeln lassen.
3 Sogleich in Gläser füllen und zuschrauben.

Die amerikanische Köchin und Kulinarik-Managerin **Nora Carey** empfiehlt ein mit Holunderblüten und Zitronensaft aromatisiertes Gelee aus Stachelbeersaft. 8 Blüten, 3 EL Zitronensaft und knappen 2 Tassen Zucker auf ein Kilo Beeren. Die Holunderblüten zum Einkochen in ein Mulltuch binden und vor dem Abfüllen entfernen.
Nora Careys Buch »Perfect preserves. Provisions from the kitchen garden«, kam zuerst 1990 heraus und erschien 1992 unter dem deutschen Titel **»Gartenfrische Vorräte durch das ganze Jahr«**. Es liefert eine Vielzahl leckerer Rezepte für Fruchtpasten, Konfitüren, eingelegte Früchte und Gemüse. Schon lange vergriffen, ist es aber antiquarisch übers Internet leicht zu erhalten.

Einlegen

in Alkohol, Öl, Zucker, Essig oder Salz: Hier öffnet sich das große Laboratorium der Vorratshaltung, ein Feld voller Experimente und mitunter jahrtausendealter Technik.

Alkohol

raubt Mikroorganismen die Lebensgrundlage und erzeugt in Kombination mit weichen Früchten Delikatessen. Beim Konservieren durchziehen Rum, Gin oder auch Grappa Johannisbeeren, Pflaumen, Himbeeren, Erdbeeren oder Kirschen.

Wichtig ist dabei stets die **Zugabe von Zucker.** Er soll verhindern, dass der Alkohol die Früchte zu zäh und klein werden lässt. Trotzdem schrumpfen Erdbeeren auf die Hälfte ihrer Größe und verwandeln sich Kirschen sich in kleine feste Kugeln. Sie schmecken trotzdem.

Es gibt ein grundlegendes Mischungsverhältnis, gut für allerhand eigene Versuche: Auf 450 g Obst rechnet man 2 Tassen Alkohol und ½ Tasse Zucker. Die Früchte sollen dabei immer von Flüssigkeit bedeckt sein.

Wichtig sind dunkle und gut verschließbare Gefäße, damit sich der Alkohol nicht verflüchtigt. Außerdem ein kühler trockener Ort zum Ruhen und Lagern, denn die Leckerbissen sind Produkte von viel Zeit.

Rumtopf

Zutaten

Erdbeeren
entkernte Kirschen
entkernte Zwetschgen
gehäutete Aprikosen
… und was der Sommer so hervorbringt.
Zucker, bei der ersten Frucht die gleiche Menge, später die Hälfte des Obstgewichts
54-prozentigen Rum in der Menge, dass er stets die Früchte bedeckt

Zubereitung

1 Gut gereinigten Steinguttopf ohne Risse in der Glasur und mit einem passenden Deckel bereitstellen.
2 Früchte reinigen, die ersten in der Saison sind die Erdbeeren, starten lässt sich ebenso mit Kirschen. Nur erste Wahl aus dem Garten nehmen.
3 Mit der gleichen Menge Zucker vermischen und circa 6 Stunden stehen lassen. Der Zucker zieht Flüssigkeit aus den Früchten, verbindet sich mit ihr zu Sirup und legt sich nicht in kompakten Schichten auf dem Boden des Rumtopfs ab.
4 Rum auffüllen. 40-prozentigen Rum ist zu schwach. Das Risiko ist groß, dass in der langen Vorbereitungszeit das Gemengsel zu gären anfängt. Aber es muss auch nicht über 70-prozentigen Rum sein, der zum Flambieren genommen wird und fast wie medizinischer Alkohol schmeckt. Tatsächlich ist unser mit ihm angesetzter Rumtopf sehr gut geworden. Nach dem hochprozentigen Anfang haben wir zum Ausgleich mit 40-prozentigen, dann mit 54-prozentigen Rum weitergemacht.

5 Im Lauf des Sommers weiter Früchte hinzufügen. Stets mit der entsprechenden Zuckerzugabe. Hoher Zuckergehalt garantiert Haltbarkeit. Doch bei dem 50 : 50 %-Verhältnis wird es sehr süß. Ob weniger Zucker reicht, hängt auch von der Reife der Früchte ab. Ausprobieren.

In Haushalten mit Nutzgarten war Rumtopf vor dreißig Jahren ein Klassiker. Es gab ihn zum Nachtisch mit Griesflammeri, man bewirtete mit ihm Adventsgäste, verschenkte ihn in Portionen abgefüllt. So lange und so oft, bis ihn keiner mehr sehen mochte. Der Rumtopf war abgeschafft. Jetzt ist er wieder da. Nur schöne Behälter gibt kaum. Wer danach sucht, kann bei Hedwig Bollhagen in Marwitz fündig werden. Die 2001 gestorbene Keramikerin arbeitete in der Tradition von Bauhaus und Werkbund. Ihre Manufaktur fertigt noch ihre Entwürfe. Die Bowle mit einem auf Bestellung ohne Löffelloch gefertigen Deckel gibt einen prima Rumtopf ab.

KIRSCHEN ZUM NASCHEN im Sommer frisch, im Winter aromatisch gewürzt aus dem Rumtopf. Besser als die auf dem Bild zu sehenden Süßkirschen eignen sich dafür allerdings Sauerkirschen.

Öl

schützt Lebensmittel zwar durch den Sauerstoffabschluss vor Bakterien, Pilzen und Hefen, die zum Wachsen und Vermehren Luft brauchen. Doch das Verfahren ist im strengen Sinn keine Konservierungstechnik. Gut ist daher, diese Methode mit anderen Verfahren zu kombinieren wie Dörren bei Tomaten oder ausgiebigem Salzen.

Kräuterpaste

REZEPT NACH RALF HIENER

Zutaten

100 g frische Kräuter (Bärlauch, Blattpetersilie, Estragon oder Kerbel etc.)
7 g Salz
100 ml Rapskernöl

Zubereitung

1 Kräuter waschen und trockentupfen.
2 Die Kräuter sehr fein schneiden (Moulinette), mit Salz und Öl so lange gut verrühren, bis sich das Salz aufgelöst hat.
3 Die Paste in dunkle Gläser füllen, abdecken und im Kühlschrank aufbewahren.

Die Paste ist beabsichtigt leicht salzig, deshalb Speisen, die damit verfeinert werden sollen, nur noch vorsichtig salzen. Die Paste ist monatelang haltbar. Gut geeignet zur Verfeinerung von Gemüsesuppe, Quarkspeisen oder sehr dünn auf ein Butterbrot aufgetragen als Brotaufstrich.

Zucker

senkt, wenn er in großen Mengen zugesetzt wird, einerseits durch Osmose den Wassergehalt von Früchten, verringert andererseits die Wasseraktivität und hemmt damit das Wachstum von Bakterien, Hefen, Pilzen. Zuckern ist eine chemische Konservierungsmethode, die zur Zeit der Kreuzzüge aus dem Orient nach Europa gelangte. Allgemein genutzt wird sie jedoch erst seit etwa 1850, seit Zucker aus Runkelrüben industriell hergestellt wird. Zitronat, Orangeat, kandierte Früchte, Sirup, Gelee und Konfitüre, Obstmus und -pasten werden durch Zucker haltbar gemacht. Weil Zucker allein keinen Befall verhindert, werden die Früchte und Säfte außerdem erhitzt und eingedickt (Konfitüren und Gelees) oder gedörrt (Pasten).

ZUCKER BINDET AROMEN
Sirup aus den verschiedensten Früchten ist lecker in Kuchen, Pudding oder Pfannkuchen. Man kann ihn Marmeladenrezepturen zufügen, mit ihm Kompotte und Fonds würzen.

Quittensirup

Zutaten

Quitten
Zucker

Mengen richten sich nach dem Bedarf. Ein bis zwei Quitten mit gut zwei Tassen Zucker ergeben ein halbes Marmeladenglas voll Sirup.

Zubereitung

1. Die reifen Quitten sauber reiben und samt Schale und Kernhaus in Scheiben schneiden.
2. Eine Schüssel mit breitem Boden wählen. Eine Zuckerschicht hineinstreuen, die Quittenscheiben darauflegen, mit Zucker bedecken, die nächste Schicht darauflegen, wieder mit Zucker auffüllen und so weiter.
3. Die Schüssel mit einem Teller bedecken und zur Seite stellen. Schon nach einem Tag hat sich der größte Teil des Zuckers in Sirup verwandelt, der intensiv nach Quitte schmeckt.
4. Nach zwei Tagen den Sirup in ein verschließbares Glas abfüllen. Es bleibt ein Rest Zucker in der Schüssel.

Der Sirup hält sich im Kühlschrank gut 3 Wochen. Mit Wasser versetzt, hat man leckere Limonade.

Quittenbrot

Zutaten

1 kg Quitten
1 Zitrone
1 l Wasser
500 g Zucker
Oblaten oder Kristallzucker zum Bestreuen

Zubereitung

1 Schüssel mit Wasser bereitstellen, Zitronensaft hineinträufeln.
2 Quitten reiben, vierteln, Stiel, Blütenansatz und Kerngehäuse entfernen und in das mit Zitronensaft versetzte Wasser legen.
3 Früchte mit ½ l Wasser und 4 EL Zitronensaft zum Kochen bringen, dann bei kleiner Hitze 40 Minuten köcheln lassen.
4 Über Nacht durch ein Mulltuch abseien. Den Saft für das Bereiten von Gelee nutzen.
5 Fruchtrückstände pürieren, das Mus wiegen und mit der gleichen Menge Zucker in einem Topf bei kleiner bis mittlerer Hitze und ständigem Rühren 30 bis 45 Minuten einkochen. Die richtige zähe Konsistenz ist erreicht, wenn sich mit dem Kochlöffel eine Straße durch die Masse ziehen lässt, die eine Zeitlang stehen bleibt.
6 Die Masse, so hoch wie der kleine Finger breit ist, auf ein mit Backpapier ausgelegtes Backblech streichen, entweder im Ofen dörren oder leicht zugedeckt an einem warmen Ort. Das dauert drei bis vier Tage.
7 Oblaten auf das Quittenbrot legen, das Backblech auf ein Arbeitsbrett stürzen, Backpapier abziehen und die Unterseite des Quittenbrots auch mit Oblaten bedecken. Wem es besser gefällt, nimmt Kristallzucker. Mit einem scharfen Messer Rechtecke schneiden.

Schwarze Johannisbeerpaste

Zutaten

1,5 kg Schwarze Johannisbeeren
2 EL Zitronensaft
3 Tassen Zucker
Kristallzucker zum Bestreuen

Zubereitung

1 Johannisbeeren mit dem Zitronensaft in eine Schüssel geben, zerdrücken und über Nacht stehen lassen.
2 Beeren bei kleiner Hitze zum Kochen bringen, 15 bis 20 Minuten simmern lassen, bis sie ganz weich sind.
3 Beeren passieren und je 2 Tassen Püree mit 1 Tasse Zucker abmessen, vermengen, vorsichtig erhitzen, bis der Zucker sich auflöst, dann aufkochen und 30 Minuten kochen lassen, bis die Masse sehr dick wird und sich vom Topfrand löst.
4 Auf einem Blech ausstreichen, mit Folie abdecken, über Nacht ruhen lassen.
5 Arbeitsplatte mit Kristallzucker bestreuen, die Paste darauflegen in Quadrate schneiden, allseits in Kristallzucker wälzen und auf einem Kuchengitter trocknen lassen.
6 Mit Backpapier schichtweise in eine Dose füllen.

Chili-Sirup und kandierte Früchte

Zutaten

250 g frische Chilis
Habaneros nehmen, wenn der Sirup scharf werden soll, andere Arten und Sorten gehen ebenso gut
1,2 kg Zucker
1 l Wasser

Zubereitung

1 Ein großes und etwas kleineres Weckglas bereitstellen, einen großen Kochtopf, einen Kochlöffel mit einem extra langen Stiel, ein hitzefestes Sieb und Handschuhe zum Putzen des Chilis.
2 Chilis waschen, halbieren (dickfleischige vierteln), Stiel, Kerne und Scheidewände entfernen. Die präparierten Chilis abtrocknen.

SÜSSE SCHÄRFE Kandierter Chili lässt sich wie Zitronat im Kuchen einsetzen oder fein geschnitten im Salat. Beim Vorbereiten immer vorsichtig sein. Gerät doch mal etwas von dem brennenden Stoff in die Nase oder die Augen: mit reichlich Wasser ausspülen.

3 Vom Zucker 1 Kilo in 1 Liter Wasser verrühren und aufkochen. Die Lösung kocht leicht über, darum einen großen Topf wählen.
4 Chilis zum Beispiel ins Weckglas geben und mit der heißen Zuckerlösung übergießen, bis das Glas voll ist (die restliche Flüssigkeit im Topf aufbewahren). Das kleinere Glas als Stempel aufsetzen, so dass alle Chilis in der Flüssigkeit gehalten werden. 24 Stunden ziehen lassen.
5 Chilis in einem Sieb abseihen, die Flüssigkeit auffangen und mit der restlichen Flüssigkeit vom Vortag und 50 g Zucker aufkochen. Chilis zurück ins Glas geben, übergießen, wieder das kleinere Glas als Stempel aufsetzen und 24 Stunden ziehen lassen.
6 Die Prozedur insgesamt fünf Tage durchführen. Dabei jedes Mal 50 g Zucker hinzufügen. Der Sirup wird täglich zäher und schärfer.
7 Am sechsten Tag die Chilis im Glas ruhen lassen.
8 Am siebten Tag Chilis, Sirup und Restsirup zusammen kurz aufkochen. Chilis abseihen und gut abtropfen lassen.
9 Sirup in eine saubere Flasche füllen und diese verschließen.
Der Sirup hält sich in einem sauberen Gefäß, gut verschlossen und im Kühlschrank aufbewahrt bis zu 6 Monate, »länger« so Frank Fischer, »ist bei mir noch nie etwas übrig geblieben«. Lecker als Würze in Muffins (Rezept S. yxy) oder mit Honig gemischt in Pudding, Pfannkuchen oder auch trockenen Rührkuchen.
10 Die glasig-glänzenden Chilis auf einem Backrost nochmals bis 2 Stunden abtropfen lassen, danach im Dörrgerät oder im Backofen (Tür leicht offen stehen lassen) bei 100 bis 150 °C 20 bis 30 Minuten trocknen, bis sie nicht mehr kleben.
11 Die kandierten Chilis in einem luftdichten Gefäß aufbewahren.

Vorsicht: Der Sirup ist sehr heiß, sehr klebrig, schwer abzuwischen und nach dem ersten Tag schon scharf. Die Kochdämpfe liegen als Schwaden in der Luft. Achtung: auf Spritzer achten (Augen!) und die Fenster öffnen.

Essig

ist beides: eine feine Würzsäure und ein Mittel zum Haltbarmachen. Essig konserviert, indem er den pH-Wert eines Lebensmittels in den sauren Bereich absenkt. Je saurer, desto stärker ist seine Wirkung. Bakterien wachsen in einem neutralen Milieu am besten. Doch hochprozentiger Essig allein würde das Lebensmittel ungenießbar machen. Man wählt milde Sorten und kombiniert ihre Zugabe etwa beim Sauer-Einlegen mit anderen Konservierungsmethoden. Senfgurken etwa werden auf 60 bis 90 °C erwärmt (pasteurisiert) und eingeweckt (sterilisiert).

Welcher Essig eignet sich? Apfelessig (5 %) ist fruchtig. Weißweinessig (6%) schmeckt milde. Branntweinessig (5 %) wird traditionell viel genutzt, ist geschmacklich sauer und sonst neutral. Absolut unnötig ist, teure Jahrgangsessige zu benutzen.

Besonders beliebt sind Gurkenrezepte. Früher besaß auf dem Land jede Familie ihr eigenes. Saurer, süßer, würziger oder auch pfeffrig, alles ist möglich. Wichtig ist grundsätzlich eines: Gewürz- und Senfgurken, ebenso Kürbis schmecken so gut wie der Sud, in dem sie eingelegt wurden. Also immer probieren

Gewürzgurken

Zutaten
Landgurken
Salz

für den Sud je nach Hausrezept zum Beispiel
1 l Wasser
800 ml Essig (5 %)
240 g Zucker, besser nach Geschmack
Salz eventuell

als Würze im pro Glas nach individueller Wahl
etwas frischen Meerrettich
1 bis 2 halbierte Schalotten oder kleine Zwiebeln
1 bis 2 Knoblauchzehen
1 kleine Chilischote
1 bis 2 TL Senfkörner
6 Pfefferkörner
1 Zweig Estragon
2 bis 3 Wacholderbeeren
2 bis 3 Pimentkörner
½ Lorbeerblatt
aber auf jeden Fall 2 bis 3 Stängel Dill, je nach Größe

Zubereitung

1. Gurken reinigen und gegeneinander rubbeln, das entfernt die Borsten.
2. Trocken in eine Schüssel legen, mit reichlich Salz bedecken und 24 Stunden stehen lassen. Das Salz entzieht den Gurken das Wasser und »öffnet« sie für das Aufnehmen des Einlegesuds.
3. Nach 12 Stunden abgießen, waschen und die Gurken mit Zwiebeln, Chili und/oder Meerrettich, den Kräutern und Gewürzen, was gefällt, aber immer mit Dill in Weckgläser schichten.
4. Sud kochen, abschmecken (!) und aufgießen, bis die Gurken bedeckt sind, und die Gläser bei 80 bis 90 °C gute 15 Minuten einwecken. Oder Ofen auf 175°C vorheizen und die Gläser in einem Wasserbad (2 cm hoch in der Fettpfanne) etwa 25 Minuten zuwecken.

Salz

verringert wie Zucker bei Früchten und Gemüsen den Wassergehalt und senkt die Wasseraktivität, die Mikroorganismen zum Leben brauchen. Beim Pökeln verwendet man Salz, früher hat man auch etliche Gemüse in Salz eingelegt, Schneide- oder Schnippelbohnen zum Beispiel. Das ist heute kaum noch gebräuchlich. Eine wichtige Rolle spielt Salz bei der Milchsäuregärung, mit deren Hilfe Sauerkraut hergestellt wird. Die zugegebene Salzlösung hilft hier dabei, Mikroorganismen fernzuhalten, solange die Milchsäuregärung noch anläuft.

SALZ INTENSIVIERT DEN GESCHMACK. Eine Prise in den Kuchen, auch an die Erdbeeren – der Handgriff ist vertraut. Salz zum Würzen sollte mild sein. Fürs Konservieren reicht einfachstes Haushaltssalz.

Sauerkraut

Man benötigt

1 spezielle Sauerkraut-Kruke mit Deckel und Stein
1 Krauthobel oder 1 großes scharfes Messer
1 Stampfer

Zutaten

Weißkohl
Salz
Wasser
Kohl-, Wein- oder Meerrettichblätter

Zubereitung

1. Kopf putzen, vierteln, den Strunk herauslösen und die Viertel mit dem Messer, leichter geht es mit dem Krauthobel, in Streifen schneiden.
2. Eine fingerdicke Lage in die Kruke geben und stampfen, bis sie zentimeterdünn geworden ist. Den Vorgang Lage für Lage wiederholen, bis die Kruke zu drei Vierteln gefüllt ist. Nicht mehr, um Platz zum Gären zu lassen.
3. Salzlösung kochen. 15 Gramm pro Liter reichen.
4. Auf das gestampfte Kraut Kohl-, Wein- oder Meerrettichblätter legen, das Ganze mit einem Stein beschweren und Salzlösung aufgießen. Die Flüssigkeit soll über dem Stein stehen.
5. Deckel aufsetzen, Kruke in eine Wanne heben, das Ganze an einen nicht zu warmen, aber frostfreien Ort stellen. Krukenrinne mit Wasser füllen.
6. Gärung beobachten. Frei werdendes Kohlendioxid blubbt durch ein Loch im Deckel und den ab-schließenden Wasserrand. Darauf achten, dass die Rinne nie austrocknet.
7. Nach 4 bis 6 Wochen wird das Kraut ruhig und der Gärvorgang ist abgeschlossen.
8. Beim Entnehmen des Krauts peinlichste Sauberkeit wahren und darauf achten, dass immer Flüssigkeit auf der Oberfläche steht. Wird es wenig, Salzlösung (wie oben) nachfüllen. Bildet sich trotzdem Schimmel, die befallene Schicht großzügig entfernen.

Stichwortverzeichnis

Literatur

Literatur, die mir beim Zusammenstellen dieses Buches geholfen hat:

Artusi, Pellegrino:
Die klassische Kochkunst Italiens. Il padre de la cucina italiana.
Von der Wissenschaft des Kochens und der Kunst des Genießens. Stuttgart, Franckh Kosmos Verlag 2005.

Carey, Nora:
Gartenfrische Vorräte durch das Jahr.
Ostfildern, DuMont 1993

Grall, Ulla:
Bohnen – vom Garten in die Küche. Vielfalt erhalten und genießen. Darmstadt, Pala-Verlag 2011.
(enthält neben Rezepten auch Sortenempfehlungen und eine Bohnensystematik mit Anleitungen zum Anbau und Lagern)

Hammerschmidt, Meinolf:
Birnen und Quitten in Schleswig-Holstein.
Neumünster, Wachholtz Verlag 2011.

Heilmeyer, Mariana (Hrsg.):
Beste Birne bei Hofe. Potsdamer Pomologische Geschichten.
Potsdam, Vacat Verlag 2008.

Maier-Leibnitz, Heinz:
Kochbuch für Füchse. Große Küche schnell und gastlich.
München, Piper Verlag 1988.

Somerville, Annie:
Das große grüne Kochbuch. 288 Rezept für alle Jahreszeiten.
München, Droemersche Verlagsanstalt 1998.

Vollenweider, Alice:
Aschenbrödels Küche. Einfach schmeckt besser! Erweiterte Neuausgabe.
Zürich, Limmat Verlag 2005.

Über die Autorinnen

© Jürgen Holzenleuchter

Elke von Radziewsky promovierte in Germanistik und Kunsthistorik und leitet seit gut 20 Jahren das Gartenressort der Zeitschrift *A&W Architektur und Wohnen* sowie für mehrere Jahre auch das der Zeitschrift *Country*. Zusammen mit ihrem Mann besitzt sie ein 7.000 m^2 großes ländliches Grundstück, das sie als Selbstversorgergarten bewirtschaftet.

© Bert Heinzelmeier

Regina Recht studierte Fotografie in München und arbeitete 10 Jahre in Mailand, wo sie ihre Liebe zur Fotoreportage entdeckte. Heute ist München Ausgangspunkt für ihre internationalen Arbeiten, die besonders der einfühlsame Umgang mit Menschen auszeichnet. Ihre Fotos erscheinen in renommierten Magazinen wie *Stern, Süddeutsche Zeitung-Magazin* oder *Vanity Fair*. Mehr unter www.reginarecht.com

Impressum

Bibliographische Information der Deutschen Nationalbibliothek
Die Deutsche Nationabibliothek verzeichnet diese Publikation in der Deutschen Nationalbibliografie; detaillierte bibliografische Daten sind im Internet über http://dnb.d-nb.de abrufbar.

Taschenbuchausgabe des Titels »Das große Selbstversorger-Kochbuch«

BLV Buchverlag GmbH & Co. KG
80636 München

Hinweis
Das vorliegende Buch wurde sorgfältig erarbeitet. Dennoch erfolgen alle Angaben ohne Gewähr. Weder Autoin noch Verlag können für eventuelle Nachteile oder Schäden, die aus den im Buch vorgestellten Informationen resultieren, eine Haftung übernehmen.

Bildnachweis:
Alle Fotos von Regina Recht
Seite 14: Privatsammlung Ingetraut Schmidt-Bohlens

Umschlagkonzeption: Kochan & Partner, München

Umschlagfotos: Regina Recht

Konzeption Innenteil und Layout: QART Büro für Gestaltung, Hamburg, Annette Brodda

Programmleitung Garten und Lektorat: Dr. Thomas Hagen

Herstellung: Hermann Maxant

Gedruckt auf chlorfrei gebleichtem Papier

Printed in Germany

ISBN 978-3-8354-1461-7

www.facebook.com/blvVerlag